U0665460

让知识成为每个人的力量

前途丛书 THE GREAT EXPECTATION 〉

# 这就是电竞选手

## E-SPORTS PLAYER

卢荟羽　章凌 /编著

新 星 出 版 社　NEW STAR PRESS

# "前途丛书"使用指南

1. 这是一套现代职业说明书。

2. 社会分工日益精细，行业快速迭代。只有专业，才有前途。快速了解一个行业，精进成为专家，事关行业中每个人的前途。

3. 丛书特别适合以下几类人群：为子女规划未来的父母，高中和大学阶段的学生，刚刚步入职场的新鲜人，入行多年遇到发展瓶颈的职场人，以及从事职业生涯规划的专业人士。当然，如果你有充沛的好奇心，或者正在规划切换职业道路，它也很适合你。

4. 丛书涉及的范围，既包括会计师、律师、医生这样的传统职业，也有投资人、软件工程师等热门职业，还有电竞选手、主播等新兴职业。

5. 丛书运用最新的知识挖掘技术，采访行业顶尖高手，提取从新手到高手的进阶经验，用顶尖人才的视野呈现"何谓专业""如何专业"。

6.丛书为你安排的行进路线如下：

"行业地图"——站在高处俯瞰职业全貌；

"新手上路"——提供新人快速进入工作状态的抓手；

"进阶通道"——展现从业人员的进阶路径与方法；

"高手修养"——剧透行业高手的管理智慧和独特心法；

"行业大神"——领略行业顶端的风景；

"行业清单"——罗列行业黑话、推荐书目等"趁手"的工具，方便查阅。

7.行进路上，你会看到多篇短小精悍的文章，每篇文章之后都附有行业高手的名字。文章之间穿插着的彩色楷体字，是编者加入的补充说明的文字，希望借由编者的"外行视角"，带你了解这一行的总体样貌。

8.推荐特别关注受访行业高手的动态，他们在一定程度上代表了行业动向。

9.丛书出版前，我们向专业从业人员和大众读者发起了审读。这套丛书，体现了许多无法一一具名的审读人的智慧。

10. 这是一项不断生长的知识工程。你如果有其他想要了解的职业，又或者你是某个行业资深的专家，愿意分享你的经验，欢迎与我们邮件联络（contribution@luojilab.com）。

丛书总策划：白丽丽

向贡献宝贵经验的行业高手

RNG　RocketBoy　Sky

应书岭　老帅　西门风

致敬

# 目录

## CONTENTS

第一部分 ┃ 行业地图

# 第二部分 ┃ 新手上路

## ◎入行须知

## ◎技能准备

## ◎意识准备

# 第三部分 ┃ 高手修养

## ◎ 协同训练

## ◎ 个人技能提升

## ◎ 比赛心经

## ◎突破瓶颈

## ◎明星经纪

# 第四部分 ┃ 退役之后

第一部分

# 行业地图

2021 年 5 月 23 日，冰岛首都雷克雅未克，中国 RNG 俱乐部在《英雄联盟》全球三大赛事之一的 MSI（英雄联盟季中冠军赛）决赛中遭遇韩国 DK 俱乐部。经过 5 局艰苦的厮杀，最终 RNG 以 3：2 的成绩战胜对手，夺得了冠军。RNG 再次迎来了一场金色的雨，这一幕让无数电竞观众不禁想起了三年前的情景——2018 年 5 月 20 日，同样是 MSI 赛场，RNG 战胜韩国 KZ 俱乐部，夺得世界冠军，当 Uzi、Letme 和队友们高高举起奖杯时，现场欢呼声、呐喊声连成一片，舞台上空飘散出不计其数的金色丝带，耀眼万分。直播解说米勒激动地说："现场下起了金色的雨，这一刻属于 RNG！"那是中国俱乐部首次在没有外援的情况下，以全华班的阵容夺得这项世界赛事的冠军。自那以后，在社交媒体上，"金色的雨"成为电竞领域胜利与荣耀的代名词。

但是，这条通往冠军的赛道，风景究竟如何呢？

人社部公开数据显示，2019 年，我国正在运营的电竞战队（含俱乐部）有 5000 余家，电竞选手约 10 万人。[1]*
从 2018 年到 2020 年，中国电竞市场的规模从 896 亿元增
长到 1474 亿元；而 2020 年，我国电竞比赛观众达到了
1.63 亿人，为世界之最。[2]

庞大的市场规模和高度的商业化使顶级电竞选手成为
受众人追捧的明星，他们的粉丝群体不断壮大，商业价值
也在快速攀升。2019 年微博之夜年度人物评选中，RNG
俱乐部《英雄联盟》选手 Uzi 的得票数超过了王一博、肖
战、朱一龙等明星，荣登榜首，而 iG 俱乐部的 TheShy 和
EDG 俱乐部的 Clearlove 也进入了前十名。一石激起千层
浪，人们突然发现，原来电竞选手在年轻人中拥有如此强
大的号召力，甚至超越了流量明星。2020 年微博之夜年度
人物评选中，再次有三名电竞选手入围。

可以说，电竞行业，风景正好；电竞明星，风光无限。

但与此同时，对电竞行业的误解依然广泛存在。很多
人认为电竞就是打游戏，电竞选手就是网瘾少年。的确，
在过去很长时间中，电子游戏被贴上了"电子海洛因"的

---

* 本书所有有关数据来源的注释，都统一放在全书最后的"尾注"部分，
对正文信息的解释内容，则放在当页页下。

标签，青少年一旦沉迷其中，学习成绩就会大幅退步，很多家长因此对游戏谈之色变。与之相对的是，许多青少年认为自己游戏水平很高，只要稍加训练就可以成为一名职业电竞选手，而一旦成为职业选手，则不仅可以每天无忧无虑地玩游戏，金钱和荣誉也会接踵而来。

这两种完全不同的态度，体现出人们普遍对职业电竞缺乏了解。其实，早在 2003 年，我国国家体育总局就将电子竞技批准为正式体育竞赛项目，我国教育部也在 2016 年将电子竞技增补为正式高校专业。为了让更多心怀梦想的玩家和带有偏见的家长深入了解电竞行业，认识到电竞选手作为一个职业的真实面貌，2018 年，一些顶级俱乐部开始举办针对普通玩家的电竞体验营。

在某一届体验营中，俱乐部从上万报名者中选出了 50 名玩家。他们全部拥有《英雄联盟》钻石以上级别，有的还是宗师和王者，水平在全国 3000 多万玩家中位于前 8%。他们大多希望借参加体验营的机会接受高水平教练的指导，从而进阶为职业选手。

但让人万万没想到的是，在训练强度不到职业选手的 60%、有俱乐部进行全方位的心理和生活关怀的情况下，仍然有将近 30% 的成员因为受不了高强度的训练而当众流泪，有接近50%的人和别人发生过争吵，有90%的人表示以后不再考虑成为职业选手，更有甚者，在训练第一天就退出了。

这一情况其实准确反映了一个事实——不少玩家并不懂得电竞选手究竟是一个怎样的职业。那么，电竞选手究竟要具备哪些基本素质？他们要经历怎样的锤炼才能最终站到领奖台上迎接那场"金色的雨"？那些心怀梦想、徘徊在职业电竞门外的少年，又如何知道自己能否成为一名职业选手呢？

为了解答这些疑问，我们走访了赛事举办者、顶级俱乐部，以及享有至高荣誉的金牌选手，希望能从入行准备、职业生涯、退役阶段等不同角度描绘出电竞选手的职业样貌，给关注这个职业的人一些参考。

# 市场：蛋糕有多大
## 01

如果一个孩子跟爸爸妈妈说自己要去当一名电竞选手，今天的中国父母大概率会强烈反对。

如果摆在父母面前的只有进电影行业和进电竞行业两个选择，绝大部分父母应该会同意孩子进电影行业。因为他们会觉得，电影行业虽然也没那么靠谱，但至少比电竞行业稳定多了。

如果摆在父母面前的只有同意孩子进出版行业和进电竞行业两个选择，那他们更是会毫不犹豫地选择出版行业。

但这样的选择是最优的吗？看看下面一组数据。

根据人社部发布的公告，2019 年，中国电竞整体从业人员达 50 万人，预测未来五年人才缺口达到 200 万人。[3] 根据艾瑞咨询发布的报告，2020 年，中国电竞市场规模近 1500 亿元，预计 2021 年市场规模将达到 1826 亿元，2022 年达到 2157 亿元，而中国电竞用户在 2020 年已达到 5 亿人。[4]

也许你觉得这些数字不可思议，但它们背后其实有着多种原因。

**首先，我国的电竞行业起步不算晚，可以说与其他国家基本同步。**

在全球范围内，商业体育经历着一轮又一轮的变化。中国商业体育的主流产业是足球和篮球，但这两项我国起步都很晚。足球产业诞生时，中国正处于挨打受欺负的鸦片战争时期；第二次世界大战后美国篮球大发展时，中国还没有能力去发展这一产业。这在一定程度上导致了我国现在足球、篮球的产业能力比较弱。产业能力弱代表什么？不仅代表我们在国际上的竞技水平低、成绩不好，还代表我们的老百姓不爱看自己国家的比赛——中国观众爱看英超（英格兰足球超级联赛）、NBA（美国职业篮球联赛），大多数年轻人对NBA球星的熟悉程度远远超过对CBA（中国职业篮球联赛）球星的熟悉程度。

但是，我国的电子竞技诞生于国富民强的时代，起步并不晚。2000年，第一个世界性的电竞大赛WCG（世界电子竞技大赛）正式创立，而我国战队第一次拿到世界冠军是在2004年，基本同步。这意味着我们具有世界范围内的品牌竞争力，有机会把产业做大。

**其次，我国的电竞水平处于世界前列，无论是职业选手，还是其他从业人员，都可以达到全球领先水平。**比如，打《英雄联盟》的 Uzi、打《DOTA2》的 Yang、打《绝地求生》的 GodV 等，都是世界一流选手；而现在全球比较流行的《英雄联盟》《绝地求生》《DOTA2》《守望先锋》等项目中，如RNG、FPX、iG、4AM、VG、LGD 等中国俱乐部都名列前茅；同时，全球性的电竞比赛，如英雄联盟全球总决赛（S 赛）、守望先锋联赛，都在中国举办过。

一些电竞项目在全球有五六亿注册用户，这些用户看到的最高水平的队伍就是中国的队伍，并因此接触到了中国文化。从某种角度来说，从电竞行业上，我们看到了中国文化的自信。

**最后，我们拥有得天独厚的优势，那就是庞大的规模。**2020 年，全球电竞观众为 4.95 亿，而中国电竞观众就有 1.63 亿[5]，占了将近三分之一。

所以，无论从哪个方面来说，中国电竞行业都有理由被看好，这个蛋糕足够大。如果你想进入这一行，应该看到它背后蕴藏的巨大商机。

－ 应书岭 －

电竞行业的快速发展依托于第二次世界大战之后来势迅猛的电子工业浪潮，电视、电脑、网络、手机的快速迭代，不断为人类带来新的游戏方式。1958年，第一款电视游戏出现，1961年，第一款电脑游戏《太空大战》问世[6]，此后，电子游戏不断推陈出新，赢得了人们的喜爱。

为了持续获得用户，进一步开发电子游戏的商业价值，电竞赛事应运而生。

1990年，任天堂在全美29个城市举办了第一次游戏比赛。为了增加趣味性和竞技性，比赛规定《超级马里奥兄弟》《红色赛手》《俄罗斯方块》三款游戏限时6分21秒，第一次将比赛规则引入游戏对抗。

1995年，即时战略游戏《命令与征服》在美国问世，游戏通过电脑局域网第一次实现了人与人的同场竞技。

此后，暴雪公司开发的《正义联盟》《魔兽争霸》等游戏大受欢迎。在此基础上，美国出现了第一个职业电竞联盟，并在1997年举行了大型电子竞技赛事，职业玩家开始出现。

2000年，韩国成为电子竞技运动的主要推动者，第一个全球性电子竞技赛事（指WCG）正式创立，比赛涉及《雷神之锤》《星际争霸》《帝国时代》等多款游戏，被人们称为电竞奥运。

经过二十多年的发展，目前中国、韩国、美国已经成为世界电竞大国，在游戏研发与运营、赛事联盟、俱乐部、赞助商、市场推广等方面取得了长足的进步，产生了完整的生态图景。

赛事方面，游戏版权方主导的比赛越来越成熟，《英雄联盟》《DOTA2》《王者荣耀》等主流电竞项目的各级联赛、锦标赛吸引了大量顶尖俱乐部、赞助商和观众，而以PGL（中国电子竞技职业选手联赛）、WCG等为代表的专业赛事开始式微甚至消亡。

在我国，各大游戏版权方也积极组建自己的联盟，其中以LPL（英雄联盟职业联赛）和KPL（王者荣耀职业联赛）最为引人注目。

# 赛制：联赛带来了哪些改变

## 02

　　传统体育项目已经发展了较长时间，赛制也基本固定；而电竞比赛依托于游戏，游戏不仅会更新换代，还由版权方把控，因此电竞赛事跟传统体育赛事有很大的区别。毕竟，你不能说足球、篮球等运动归某个人或某家公司所有，但是每个电竞游戏都由游戏公司开发，都有版权归属。每一个游戏都有各自的赛制，不同版权方举办的比赛赛制也不同，而赛制的改变会给选手带来很大的影响，甚至会给电竞产业带来影响。

　　早些年，电竞比赛主要由第三方举办，基本上都是锦标赛或者杯赛，不仅数量较少，周期也很短，而这会给选手带来巨大的压力。锦标赛三天就打完了，参赛前的半个月和参赛的那几天人都高度紧张。对我来说，那种压迫感仅次于某种东西要夺走我生命的感觉。2002 年到 2004 年，每次大赛结束后，我绝对要生病。因为锦标赛输不起，可能输一局就要等来年或者半年以后才会再有这样的比赛，所以导致人的精神压力过大，全身紧绷，比赛后放松下来，身体一下就垮了。比如，2004 年我赢了长城百万挑战赛后，回到成都处理事情，这期间感冒一直好不了，吃药也没用。

这样的赛制使我们那一代选手压力很大，根本不敢松懈，因为爆发就是那一下，那三天打好了就是打好了，打不好就是打不好，没有太多翻盘的机会。而现在，很多电竞赛事由版权方直接介入，没了版权限制，电竞赛事有了更多可能性。除此之外，拳头游戏、暴雪、维尔福等版权方都是大公司，举办比赛的资金很稳定，不会出现之前因为主办方没钱而停办比赛的情况。而且，这些公司都在向传统体育学习，试图建立完整、系统的赛制。比如，拳头游戏正在建立英雄联盟赛事的体育联盟，每年都会举办多场大型比赛，英雄联盟职业联赛就是其中之一。联赛周期长，影响力大，选手基本上全年都有比赛可打。大家彼此交流多，提升也很明显。

现在一些赛事也在学习 NBA，尝试主客场制度。比如，LPL 的主场就有上海、杭州、北京、成都、苏州、西安等城市，KPL 的主场则包括武汉、广州、重庆、南京等城市。这让主场城市战队的粉丝观赛更方便，也会在一定程度上带动当地电竞产业的发展。

-RocketBoy-

联赛的比赛频率较之锦标赛、冠军赛等有了很大的提高，这让整个行业有了更多的发展空间。高频率的比赛，不仅提高了职业选手的水平，也增加了观众的黏性和赞助商的商业空间。与此同时，主客场制的出现让比赛深入地方，进一步促进了地方经济与电竞产业的结合。

2018年，LPL正式开始实行主客场制，RNG、LGD、Snake（LNG的前身）和OMG率先搬出了上海。与此同时，杭州、西安等地的政府大力开发电竞小镇，欢迎俱乐部入驻，并力图以此为契机促进城市文化产业的进一步发展。

电竞俱乐部有了自己的主场后，能够让自己逐渐融入当地的文化，成为像足球、篮球俱乐部那样的城市名片，建立稳定的粉丝群体，让每一次主场比赛都成为当地粉丝的一场狂欢。

但是，电竞虽然用户广泛、市场庞大，作为一项竞技体育项目，却至今没有受到青少年以外群体的广泛认可，因此，能得到地方政府支持的俱乐部并不多。如果得不到当地政府的大力支持，那么独自运营主场的成本就会立刻上升到千万以上，让俱乐部不堪重负。因此，LPL虽然在主客场制上走出了第一步，但至今也还在摸索之中。目前，拥有稳定主场的俱乐部大约有6家。

《王者荣耀》项目在主客场制的问题上采用了循序渐进的方法。起初，他们将 12 支队伍一分为二，一部分在上海，一部分在成都，整个联赛实行双主场制。与此同时，《王者荣耀》快速普及，在普通玩家中逐渐深入人心，越来越多的城市愿意拿出资源给予支持。目前，已经有 11 家俱乐部落户主场。可以说，《王者荣耀》的主客场制走得相对稳健。

主客场制联赛是电竞赛事未来的发展方向，与地方的深度融合也是职业体育发展的必然趋势。比如，在 NBA、英超、西甲（西班牙足球甲级联赛）等成熟的职业联赛中，各支队伍都深深融入了当地城市的情感，成为普通市民的共同记忆与梦想。

随着电竞行业生态的逐步完善，电竞选手的职业体系也建立了起来。其中的佼佼者，如 Uzi、TheShy、Cat 等，更是成了受人瞩目的电竞明星，而一些新秀的知名度和商业价值也在不断提高。

那么，电竞选手对整个电竞生态起到了怎样的作用？他们的价值又是什么？下面，我们就从俱乐部的经营状况入手，来了解一下电竞选手对整个行业的价值。

# 价值：选手能为俱乐部带来什么

**03**

早期的电竞俱乐部大多靠网吧支持，比赛也主要由网吧组织，但随着我国电竞行业的发展，现在俱乐部的收入越来越多元化，主要来自以下几个方面。

第一，俱乐部的选手组队参加比赛，拿到好成绩后，俱乐部会获得比较可观的奖金。国际比赛的奖金数额从几百万美元到几千万美元不等，奖金的一部分会给到选手，另一部分会作为俱乐部收入投入运营和发展。

第二，俱乐部比赛成绩好，经营规范，会吸引投资人或者投资机构的注意，从而促进俱乐部更长远地发展。在国外，已经有俱乐部在投资人的支持下成功上市。

第三，赛事本身会有商业赞助。比如，某车企赞助了LPL，那么它的品牌标志就会出现在比赛的多个场景中，比如现场的背景板、桌子、队员用的椅子、电脑上等。由于俱乐部的选手是比赛场景中的主角，是他们的出现吸引了观众来看比赛，进而看到品牌标志，所以俱乐部会从主办方那里获得赛事赞助的一部分分成，成绩越好，分成越高。

第四，俱乐部本身也会获得商业赞助。2015 年之前，一个品牌投入几万、十几万就能包一个战队，赞助方式也仅限于在队员的服装上贴标、让队员和品牌产品拍照等。2015 年以后，中国的电竞市场逐渐成形，关注电竞赛事的人多了，品牌赞助金额逐渐达到了百万级别。2017 年以后，愿意赞助电竞俱乐部的品牌越来越多，有的赞助甚至能够超过千万。比如，RNG 俱乐部就有汽车、电脑、游戏配件等多个领域的赞助商，队员参加比赛时的队服以及俱乐部宣传用的海报、印刷品、宣传视频等会根据合约露出品牌标志，核心队员还会参加赞助商视频、图片广告的拍摄和品牌线下活动。记得某车企的新产品发布会上，台下几百人几乎全是我们俱乐部选手的粉丝。

第五，俱乐部的核心选手会有比较强的明星效应，他们做赛事直播会比其他主播更有优势，会有更大的流量，那么，俱乐部把队员推荐给直播平台成为签约主播，也会带来不错的效益。比如，Letme 的直播收入就达到了七位数。

第六，选手转会也会产生一部分收入，但买入选手也要花费不少，因此俱乐部能否在转会这件事上赚到钱还真不一定，毕竟，拿到好成绩、培养梯度完整的选手才是最重要的。

以上几个方面的收入构成了俱乐部的主要收入，而这决定了俱乐部需要将自己作为一个完整的公司进行系统化运营：为了拿到优秀的比赛成绩，我们每个项目都设置有经理、教练、领队；为了更好地服务赞助商，我们有专门的商务和品牌团队；为了在线下活动、视频节目、直播等方面对选手的商业价值进行深度开发，我们配置有专业的宣发团队和经纪团队，等等。

但是，稍加总结就会发现，所有这些都和俱乐部的两个核心资产息息相关。

**第一是选手。**选手的竞技水平、团队协作能力和公众影响力，直接决定了他个人以及战队的粉丝数量，而粉丝数量多，意味着有更大的商业价值。

**第二是俱乐部自身的品牌。**俱乐部在长期经营中形成的运营传统和公众口碑相对稳定。俱乐部怎么挖掘选手，怎么把选手组合成一支强大的队伍，怎么使用有效的技战术在比赛中获胜，怎么帮赞助商达到最好的营销效果，怎么开发选手后续的商业价值，这些都反映了选手背后的经理、教练、品牌、营销、宣发以及俱乐部管理层的综合实力。比如，在2021 年 LPL 春季赛中，我们没有了顶级选手，外界也认为我们不过是一支 B 级队伍，但让所有人都惊讶的是，我们居然依靠现有选手组合出了一支能征善战的队伍，一路过关斩将，拿到了最后的冠军。这其中，经理的管理水平、教练的思路和战术都是直接原因。正是这种综合实力，打造出了俱乐部长久的品牌。

所以，**电竞俱乐部和选手是相辅相成的关系，俱乐部造就了选手，而选手也能推动俱乐部不断向前，二者共同成长，就像家人一样。**

– RNG 弓于钧 –

从俱乐部的收入方式，我们可以看到电竞选手在整个行业中处于重要的引领地位。事实上，和其他商业化程度高的竞技体育类似，明星电竞选手的竞技水平不仅决定了俱乐部的发展速度，也决定了比赛的观赏性和受关注度，从而影响着整个行业的商业价值。

近年来，因为中国电竞选手在各类比赛中的出色表现，苏宁、阿里、京东、李宁、快手、微博等企业纷纷进军电竞产业，一些国外品牌和创投资本也加大了对中国电竞产业细分市场的投资力度。以 LPL 为例，2021 春季赛的赞助商多达 15 个，创造了历史纪录。在全球经济不景气的大环境下，LPL 备受赞助商认可，足见其商业价值。[7]

同时，电竞产业在赛事版权、赞助商、票房等方面的增长，也带动了周边产业的发展。在硬件行业，电竞促进了显示器、鼠标等设备的销售，也拉升了这些硬件的整体行业标准。在与电竞赛事有关的领域，比赛设备、网络技术、直转播技术等也在不断刷新行业标准。

所有这些发展都拓宽了电竞行业的商业空间，同时也大幅度提升了电竞选手的待遇和收入水平，并且激励更多选手攀登荣誉高峰，这是一个良性循环。那么，电竞选手的回报如何？新手和顶级选手又有多大的差别呢？

# 回报：成绩好坏反馈有多快
## 04

有很多职业，即使你付出了很大的努力，业绩有了极大的提高，工资还是得按照公司规定一年调整一次。在传统体育行业，即便你成绩再好，也要熬 4 年到奥运会拿到金牌再说。

但电竞行业不同，作为一个商业化程度极高的行业，它对成绩的反馈极快。现在电竞比赛非常多，成绩和排名会实时变化，一旦选手取得了好成绩，不仅收入会及时得到调整，粉丝数量也会有肉眼可见的增长，同时俱乐部也会对你更加认可。比如，这个赛季你发挥得很好，赛季结束时，你的工资和身价都会上涨。

可以说，这一行不存在什么金子没能发光、千里马不被看见的情况。实力强，成绩好，好待遇就会随之而来。

— 应书岭 —

# 收入：不同选手差异有多大

## 05

　　直到今天，江湖上依然流传着很多早期职业电竞选手的落魄故事。比如，中国电竞第一人 Sky 借路费去参加比赛，蜷缩在厕所过夜；DOTA2 世界冠军 SanSheng 参赛凑不到钱住旅馆，不得不背着被子上火车…… 以至于有人调侃说，除非家里"有矿"，否则别轻易把电竞当职业。

　　早期的电竞俱乐部因为缺少各方面的支持，运营起来举步维艰。不仅管理者难，选手也很难。首先，从生活条件来说，当时的俱乐部大多租住在居民楼里，甚至八九个人挤在30 平方米的房间里，睡的是上下铺。饮食也比较简单，我到现在都记得，辣椒油拌饭，加上一点白菜叶和一丁点肥肉就是晚餐。这样的晚餐我们大概吃了两个多月。如果要去其他城市打比赛，我们从来不敢想坐飞机，全是火车硬座，坐下来腰都挺不直了。其次，从工资的发放来说，我们的薪资不仅不高，还经常被拖欠。最后，从俱乐部的经营来说，俱乐部的总经理、董事长、保安、出纳经常就是选手自己。俱乐部的收入来源不多，而且管理者缺乏经验，常有经营不善、老板跑路的情况。

但这些都是十几年前的情况了，现在俱乐部的经营越来越规范，通常会给选手提供非常好的吃住条件。三年前，我朋友要组建一个俱乐部，我做完初期的人才筛选后视察了场地，发现选手住的都是联排别墅。我之前在深圳也看过一家俱乐部，工作人员也是住别墅，吃住和我们那个时候比，简直就是解放后和解放前。一些俱乐部还会关注选手的身体健康情况，要求选手晨跑，甚至定期找本地知名的理疗师给他们做全身保健。去别的城市打比赛，俱乐部会给选手包下酒店的几个房间，将电脑送进去供选手训练。

职业选手的薪酬与过去相比也有了很大的提高，有了规范的薪酬体系和多渠道的收入来源。一些赛事联盟官方会规定选手的最低薪酬，比如，LPL规定选手最低薪酬为月薪1万元。2019年，JDG发布过一条招募信息，JDG主力队员将会和俱乐部签订50万～1000万元年薪的正式选手合同。现在的选手不仅可以拥有不错的薪资待遇，也基本不用担心工资被拖欠。

-RocketBoy-

现在，职业选手不仅薪酬体系越来越规范，收入渠道也比以前多了。

通常来说，职业选手的收入来源分为三个部分：固定工资收入、奖金和商务分成。

**第一块是工资收入**。在电竞行业，由于项目与项目的商业价值不同，选手的薪酬存在比较大的差异。以《王者荣耀》的选手为例，KPL联盟会给俱乐部选手的工资设定下限和上限，加上每年30%左右的固定奖金，一名刚入行的普通选手月工资大概是1万～3万，头部选手则会更高些。

《和平精英》选手的工资比《王者荣耀》选手的略低，刚加入俱乐部的选手月收入大概在4000～6000元，具体多少则取决于个人实力。一些实力较强、能打首发的选手，收入大概在6000～15000元，多出的部分来自俱乐部安排的直播，直播会提高选手的工资收入。

当然，一些小俱乐部的选手月收入会低一些，只有几千块。不过，前几年月收入几百块的也有，这和俱乐部的整体收入水平有关。

**第二块是奖金，这完全看比赛成绩**。奖金由两部分组成，一部分是打赢比赛获得的奖金。依照比赛规模、级别的不同，俱乐部拿到的奖金从几万元到上百万元不等，俱乐部会把其中大概60%分给选手们。至于个人最后能拿到多少，俱乐部会根据每个选手的上场率及获胜率做综合判断。另一部分是打赢比赛后老板给的奖金，一般在 10 万元左右，个别俱乐部拿到特别好的成绩时，老板也会发出上百万元的奖金。

**第三部分是商务分成。**一些明星选手商务活动比较多，又代言了一些产品，那他在这方面的分成就会比别人多很多。我们经常看到某某选手身价上千万、年薪几百万的新闻，这是因为他们的影响力已经相当于一个明星了，收入情况也和明星类似，其中奖金和广告商务分成占了绝大部分。

所以，电竞行业的薪酬体系已经发展得比较成熟了。只要你足够优秀，就不用担心遭遇 Sky、SanSheng 当年的窘境。

同时，普通玩家也不要因为看到有些选手"一夜暴富"就梦想成为职业选手，这其中有两个原因。第一，这一行的大部分选手都无法成功，那些身价上百万、上千万的选手其实只是凤毛麟角，他们的天赋以及坚韧程度都是普通人没法比的。第二，电竞选手的职业生涯非常短暂，二十二三岁就可能处于退役边缘，而他们在最好的青春年华，凭借过人的天赋和惊人的意志获得高收入也是非常合情合理的。

– 西门风　RNG 弓于钧 –

表 1-1 是 2020 年获得赛事奖金最高的 10 个国家，赛事奖金数目反映了电竞选手的成绩。从中可以看到，中国选手

的平均奖金数额是最高的，这也从另一个方面证明了中国电竞选手处于世界一流水准。

表 1-1　2020 年获得赛事奖金最高的 10 个国家[8]

| 国家 | 奖金（美元） | 参赛选手数（人） | 平均每人获得奖金数（美元） |
|---|---|---|---|
| 美国 | 6 340 646.89 | 1870 | 3 390.72 |
| 中国 | 2 918 944.04 | 340 | 8 585.13 |
| 巴西 | 2 161 506.14 | 401 | 5 390.29 |
| 韩国 | 2 067 293.52 | 455 | 4 543.50 |
| 法国 | 1 516 403.65 | 419 | 3 619.10 |
| 俄罗斯 | 1 495 117.67 | 440 | 3 397.99 |
| 丹麦 | 1 472 041.31 | 173 | 8 508.91 |
| 德国 | 1 262 670.52 | 483 | 2 614.22 |
| 英国 | 1 255 641.62 | 333 | 3 770.70 |
| 加拿大 | 1 170 591.49 | 308 | 3 800.62 |

如果只看顶级电竞选手的荣誉和收入，你可能会觉得电竞选手天天玩游戏还能挣大钱，真是太让人羡慕了。但其实，电竞选手和所有竞技体育运动员一样，都要经历常人难以想象的磨砺。对他们来说，打游戏绝对不是"玩"那么简单。

电竞选手在比赛中必须遵守比赛规则和回合要求，而不能像普通玩家那样想来就来，想走就走。

电竞选手不能以充值为手段获得优势，而要凭借反应能力、战略意识、团队配合、坚韧、冷静等综合素质与对手比拼，而这些素质都需要通过大量艰苦的训练才能养成。

电竞选手必须具有极强的沟通能力，能够快速、准确地向队友传达信息，并在最短的时间内与队友达成共识，而不能像普通玩家那样自己玩自己的。

电竞选手需要拥有极强的团队意识，关键时刻能够为了全队牺牲自己，而不能像普通玩家那样在游戏中任性走一回。

电竞选手必须对胜利充满渴望，并且能够为此做到高度自律，不屈不挠。

以上这些职业特点，都无形中抬高了电竞选手的职业门槛。

# 门槛：成为职业选手有多难

**06**

很多青少年以为电竞选手打打游戏就能名利双收，只要自己技术还不错，就可以在比赛中发光发热。但其实没那么简单，要想成为一名电竞选手是非常困难的，它的淘汰率极高。毫不夸张地说，成为一名电竞选手比考上北大、清华都难。

为什么这么说？很多游戏都有天梯系统[①]，这是对玩家游戏水平最直观的反映。要想成为一名电竞选手，你首先得把自己的名字贴在系统的前面。以时下热门的游戏《英雄联盟》为例，它的段位分为黑铁、青铜、白银、黄金、铂金、钻石、大师、宗师、王者 9 个。其中，处于白银这个段位的玩家最多，占了 50%；其次是青铜，大概占 25%；然后依次是黄金、铂金、钻石、大师、宗师，占比分别约为 15%、5%、2%、0.1%、0.015%，能成为王者的人少之又少。[9]

很多人拿到一个《英雄联盟》的新号，在很短的时间内

———————————

① 各类电子竞技游戏排名对战系统的简称。

从黑铁打到钻石，就觉得自己拥有游戏天赋，再打下去很快就能升到更高段位，打职业比赛不成问题。但事实并非如此，不少人到了钻石后就很难再上去了，要想达到更高段位，不仅需要大量的练习，还需要对游戏有到位的理解。

如果你真的想成为电竞选手，至少要打到宗师及以上段位，这相当于去青训队的一张门票。这是最基础的，做不到就可以放弃这条路了。

但是，打到宗师是不是就能顺利进入青训队了呢？当然不是。这个水平仅仅意味着你可能有机会来俱乐部试训。一般来说，10个试训选手中，经过教练评估，最后能进入青训队的只有2～3个，其他人大多因为战术意识、团队协作能力无法达到要求而被淘汰。当然，也有人因为吃不了这份苦自动放弃。

进入青训队后，选手还要再经历一轮残酷的淘汰，最终能留下的人寥寥无几。很多时候，青训队没有一个人能进入职业二队，也就是正式比赛队的替补阵容。根据第三方机构比心App提供的数据，2019年，他们与各俱乐部合作，举办了25场以上的青训招募，共有10万人报名，但正式入选俱乐部青训队的只有10人，正式加入二队并上场打比赛的只有1人，录取比例为0.001%。[10]而2020年全国高考人数为

1071 万，清华大学录取内地学生 3500 余人，北京大学录取内地学生 3600 余人，二者总共的录取比例约为 0.07%。

不仅如此，高考没有年龄限制，但电竞选手是有年龄门槛的。因为 18 岁才能打比赛，所以你最好在 17 岁之前进入俱乐部正式编队，哪怕是二队也可以。但如果 17 岁还没有通过以上筛选，就意味着你在这一行的空间十分有限。22 岁之后，人的反应速度和脑力都会有所下降，那个年纪再想入行是没有什么机会的。

这么一比，成为一名电竞选手真的是比考上清华、北大难得多。

–RocketBoy　RNG 李昊–

虽然如此艰难，但电竞选手在很多人看来仍然是不务正业。不过随着行业的发展，电竞选手这个职业已经被正式纳入了运动员体系。2019 年 7 月 31 日，上海体育局正式颁发了首批上海市电子竞技运动员证，获得证书的包括《英雄联盟》《王者荣耀》等 7 个项目的共计 85 名电竞运动员，明确了电竞选手的运动员身份。而在 2021 年 2 月，我国人社部也首次颁布了《电子竞技员国家职业技能标准》，其中规定电子竞技员最高可以参评高级技师。在这份标准中，电子竞技员被定义为从事不同类型电子竞技项目比赛、陪练、体验及活动表演的人员。该标准将电子竞技员划分为五个职业技能等级，分别是五级／初级工、四级／中级工、三级／高级工、二级／技师、一级／高级技师，并规划了每一等级应具备的职业技能。可见，电竞行业已然朝着职业化和规范化的方向稳步发展。

而作为一份职业，电竞选手的日常并不是玩游戏这么简单。在残酷的竞争面前，他们的每一天究竟是如何度过的呢？

# 日常：每天训练有多久
## 07

很多人觉得，电竞选手每天都能打游戏，多好啊！多数电竞选手在进这一行之前，也以为俱乐部的日常就是去游戏里打打天梯。其实，电竞选手的日常生活有着非常严格的规定，用"军事化管理"来形容都不为过，极其单调、枯燥。表1-2是《和平精英》选手非赛期的日常作息时间表。

表1-2 《和平精英》选手非赛期作息时间表

| | |
|---|---|
| 10：30—11：00 | 起床洗漱 |
| 11：00—12：00 | 自由训练 |
| 12：00—12：30 | 用餐 |
| 12：30—13：00 | 休息 |
| 13：00—13：30 | 队内热身训练 |
| 13：30—14：00 | 赛前准备，制订目标和战术 |
| 14：00—17：00 | 训练赛 |
| 17：00—18：30 | 休息、用餐 |
| 18：30—19：00 | 赛前准备，制订目标和战术 |
| 19：00—22：00 | 训练赛 |
| 22：00—02：00 | 教练进行赛训总结，选手进行针对性训练 |

电竞选手每天差不多有 12～13 个小时都在训练，有的选手还会进一步给自己"加餐"，一直练到凌晨四五点，训练时间达到 15 个小时以上。这样的生活周而复始，一周差不多六天都这样过，只有周日可能会放一天假。

你可能会想，能整天打游戏难道不是很好吗？但电竞选手"打游戏"可不像我们平时工作、学习之余那样放轻松地玩，而是要全神贯注地进行训练。训练的对手不是路人局里的玩家，而是水平与自己差不多的选手，这可不是闹着玩儿的。

到了赛季，俱乐部的管理会更加严格，对选手什么时候睡觉、什么时候吃饭都有规定。

一些电竞项目的赛事很密集，比如《王者荣耀》一年有 4 个赛事。3 月份开赛，5 月中旬决赛，紧接着 6 月份又要备赛。如果每个赛事都能进决赛，一边打比赛，一边做一些活动，那这一整年都闲不下来，也不能回家，始终都是这样的状态。

所以说，电竞选手的生活并不像你想象的那么好玩。

－ 西门风 －

电竞选手要遵守严格的作息时间，但要做到这一点其实并不容易。他们进入俱乐部的时候都还是青少年，别说职业观念了，有的人连基本的为人处世、生活自理能力都不具备。在这个年纪，他们本来应该在家长的呵护和管教下生活，但到了俱乐部，他们就是正式的签约队员。那俱乐部是否就要以正常的职场逻辑来看待他们呢？当然不是。俱乐部要做的不仅仅是提高他们的技战术水平，更重要的是帮助他们健康成长。

# 伤病：选手有哪些职业病

**08**

　　可能有人会觉得电竞选手的职业病和白领差不多，对着电脑或捧着手机久坐，无非会出现颈椎、腰椎和眼睛的问题。但这只说对了一半。选手一天的训练时间在十小时左右，高水平选手可能会给自己加码到十五六个小时，而有的比赛可能会长达十七八小时。比如，曾经 Snake 和 WE 争夺全球总决赛最后一张门票的比赛，就从中午一直打到第二天凌晨，比赛结束，选手都几乎站不起来了，水晶哥 Krystal 甚至因为腰椎、颈椎等一系列问题直接被送进了医院。所以，电竞选手的职业伤病比一般白领严重多了，甚至会直接迫使选手退役。

　　首先，选手每天高强度的手部重复运动会导致手腕肿胀、疼痛，力长时间作用于腕管，容易压迫正中神经，早期可能会导致手部麻木和刺痛，时间长了，会导致严重的关节炎或腱鞘炎。其中，腱鞘炎会导致手指、手腕等关节肿胀、疼痛，严重时还会导致手指不能屈伸，手腕不能随意扭动等永久性活动受限，这对电竞选手来说将是致命的打击，会直接导致选手退役。比如，Uzi 就是手部腱鞘炎的长期受害者，并曾因此缺席比赛。

其次，选手训练、比赛时的坐姿一般是驼背、头牵伸、耸肩，这个姿势会让他们的颈椎处于前伸状态，时间一久，易导致颈椎曲度变直，脊椎产生退行性病变。久坐还会使人体脊柱向后弯曲，从而导致腰背部肌肉、韧带等软组织损伤，严重时可能会导致腰椎间盘突出和微循环受阻。更甚者还会引发肺塌陷，也就是自发性气胸。国外非常受欢迎的游戏网站 Kotaku 曾报道，已有 6 名知名电竞选手出现肺塌陷，表现出经常性的胸部、肩膀或背部疼痛，呼吸困难。[11]

最后，电竞项目对选手的动态视觉要求非常高，也就是需要选手在短时间内快速捕获移动影像中的细节内容，所以选手会在游戏中保持眼球的高速运动，而头并不会跟着转动。时间长了，这种运动模式会影响选手的前庭器官，严重时，甚至会使其走路走不直。

和传统体育项目一样，电竞选手的职业病是很难避免的，再加上现在联赛实行主客场制，选手需要长期在各地奔波，旅途比较劳累，所以保持良好的身体状态特别重要。

大部分俱乐部的选手都习惯十点半起床，但我要求队员每天早上九点必须起来。吃过早饭后，我会带他们到健身房锻炼，以减少各种职业病的出现。比如，锻炼臀大肌可以帮助选手稳定腰椎，一些拉伸动作会延缓颈椎受损。此外，我们还会请按摩、正骨师傅来对选手进行理疗，也会请一些运动损伤专业的医生为选手提供全方位的诊断和治疗。

为了保证选手的睡眠时间，我们还采取了一个让所有人都不太舒服的做法，那就是收手机。虽然我们的项目本身就是手游，但玩手机这件事在我们队是被严格控制的。我们的训练通常要进行到半夜，训练结束后，自律性比较差的选手还会继续玩手机，有的人甚至根本不睡觉，所以我们就强制性地把手机统一收上来。这样，他们在宿舍聊聊天就睡了，不会影响第二天的训练。第二天起床后，我们会把手机还给选手，吃完午饭开始训练时再收上来。

所以，俱乐部和教练对选手的身体健康情况是特别重视的，反而一些刚入行的选手因为比较年轻，往往会不重视健康问题。比如，有些选手锻炼时懒得动，队医刚嘱咐几句就觉得烦，觉得做理疗婆婆妈妈没必要等，因此我们还得在健康方面对他们进行说服、教育工作。其实，保持良好的身体状态是职业要求的一部分，电竞选手因为伤病退役已经不是新闻了，选手只有爱护自己，才能走得更远。

– RNG 马超 –

# 周期：职业生涯有多短

**09**

很多职业可以干一辈子，而且还有很清晰的晋升路径，比如医生、律师、会计。但是电竞选手有很大的不同。这一行不仅没有清晰的职业台阶，职业生涯也很短——短的只有一两年，长的也不过 10 年。《英雄联盟》北美职业战队 TL 的选手平均年龄不到 26 岁，就已经被戏称为"老年队"了，因为与他们相比，RNG 战队选手的平均年龄不到 22 岁，iG 战队选手的平均年龄更是不到 20 岁。前美国 TSM 俱乐部选手 Doublelift 被人们叫作"英雄联盟的活化石"，但他也不过 27 岁而已。

你可能会好奇，为什么一些传统体育项目的运动员，比如 C 罗，35 岁依然能保持良好的状态，但是电竞选手就不行呢？

首先，传统体育项目的受众比较稳定，但是电竞项目跟游戏的热度挂钩，一段时间之后，游戏的热度过去，失去了商业价值，比赛可能就办不起来了。而大多数选手都是跟某一个游戏挂钩的，没有比赛打，选手也就只能选择退役。

其次，电竞比赛的整体节奏比传统体育项目快很多。通常，一名选手的移动加攻击等几项操作需要在 1 秒钟内完成。而且在一场比赛里，选手超高频率的操作要维持几个小时，甚至十几个小时。这样持续的快节奏操作十分考验选手大脑的反应速度和手速。有学者专门以《星际争霸 2》的玩家作为样本研究过，发现人的大脑反应速度从 24 岁开始下降，而且这种生理现象是无法靠玩家的专业性弥补的。我在 25 岁之后就明显感觉到自己的状态下滑得特别厉害。

最后，由于每天长时间、高强度地训练，很多选手一直处于亚健康状态，落下了职业病，手腕痛、骨骼永久性磨损等都是家常便饭。Uzi 才 20 岁出头就一身伤病，我的骨盆也经常咔叽咔叽地响，我左侧的腰像风干的牛肉那么硬，右侧的腰却嫩得像炖猪蹄一样，两边捏起来就像是两个人的腰，这些都是久坐导致的。

这就是电竞选手职业生涯短暂的原因。

-RocketBoy-

电竞选手从业的年龄段正是一个人读书、接受高等教育的关键时期，为了投身训练和比赛，选手放弃了学业，这会对他们今后的道路带来怎样的影响？当电竞职业道路戛然而止，他们又会面临哪些选择呢？

# 退役：再就业真的很难吗

**10**

可能很多人认为，电竞选手的职业门槛那么高，简直是万里挑一，他们一旦退役，肯定会成为相关行业争抢的对象，教练、主播、直播、游戏研发等岗位都等着他们光临，实现再就业应该很轻松。但其实，电竞选手退役后的再就业问题正是目前这个行业的一大痛点。

竞技体育运动员退役后转做教练似乎顺理成章，但这取决于项目的大众普及程度以及专业队的梯度建设。比如，乒乓球运动员退役后可以去各省的省队、体委、各级体校等机构当教练，也可以去中小学兴趣培养机构教小孩子。但电竞这一行，无论是专业队的系统化建设，还是在民间的普及程度，都决定了教练岗位并没有那么大的缺口，而能胜任联赛队伍教练的人则非常少，因此，能转做教练的选手只是极少数。

除了做教练，退役选手也可以在俱乐部做领队、数据分析师、战术设计师等，但这些岗位的数量也十分有限，远远不能满足数以万计的选手的需求。

可能很多人认为，选手退役后可以做游戏解说或者主播，这些岗位收入也很高，不见得比选手差。事实的确如此，优秀选手因为之前拥有比较好的比赛成绩，进入这些行业具有得天独厚的优势，有时候他们对直播平台来说就像香饽饽一样抢手。但解说和主播这些行业也有自己的门槛，并不是之前比赛成绩好、自带流量，就能继续在其中抢到流量。

首先，适合做解说或者主播的选手，在退役之前就会被俱乐部发现，俱乐部会在合适的时机让他们接触这些工作，或者将他们推荐给直播平台。比如《王者荣耀》选手 Cat，他虽然还没有退役，但形象硬朗、说话风趣、粉丝基础非常好，很适合做主播，那俱乐部就会尽可能为他创造机会，通过全方位的运营帮助他获得更大的流量。再比如 Letme，他曾经是拿过世界冠军的顶级选手，退役后俱乐部也第一时间和他签了经纪约。可以说，有做解说和主播潜质的选手都会及时被发现。

其次，对于退役后自己寻求解说和主播机会的选手来说，他们要十分注意适应这些工作本身的一些工作逻辑，个人风格要更加凸显出来。有一点需要强调，游戏主播这个行业的盘子的确很大，有几万人的缺口，但是抢到流量需要很多综合因素，而且这一行的竞争已经非常激烈了，选手退役后能否在其中继续辉煌还是未知数。

可能有的人还会猜想，选手是否有机会留在俱乐部负责宣发、商务、运营等其他工作呢？我要告诉你，这在前几年也许有可能，那时候俱乐部规模小，选手打比赛时的收入也没那么高，所以队员退役后留在俱乐部做一些周边工作是很自然的事情，薪酬水平他们也能接受。但随着俱乐部的发展完善，一方面，宣发、商务等工作都越来越专业化，需要专门的人才来做；另一方面，也是更重要的，这些岗位的薪酬就是普通白领的水平，和选手之前的收入差距非常大，一般选手根本看不上。所以，选手退役后留在俱乐部做周边工作的可能性并不大。

从目前行业内的情况来看，大部分选手的再就业方向有三个：一是回去上学，毕竟还年轻，加把劲重新学一个专业还来得及，这可能也是大多数家长希望看到的；二是回去干老本行，有的选手很早就辍学做了厨师、装修等工作，后来做了电竞职业选手，退役后继续干老本行也是条出路；三是做游戏代练，接单子。

代练的工作是按照玩家的需求，在指定时间内提升玩家账号的角色级别，或者获取某种高级装备。对退役选手来说，代练是最容易做的工作，一是因为它门槛不高，一般精通两三个英雄角色就可以了，以职业选手的水平做这个绰绰有余；二是做代练如果接单接得多，收入也会不错，虽然比做职业选手收入低，也不是长久之计，但至少可以暂时养活自己。

以上三种出路是比较普遍的，但如果实力足够，自己创业或者组建俱乐部也是可以的。

总之，竞技体育的残酷性就在于，选手在很年轻的时候放弃学业投入训练和比赛，有的人到达了人生最高峰，有的人只到了平均水平，但之后他们都必须重新拿出勇气面对新的人生。

-RNG 弓于钧　李昊 -

你可能会觉得职业生涯短暂、退役面临新挑战的情况对一个 20 岁左右的人来说十分残酷，但电竞行业对女性来说可能更加残酷。其实，女性在电竞行业从来不曾缺位，不仅主播、解说等岗位不乏女性，职业选手中也有女性的身影，国内不少俱乐部还组建过女子队伍。那么，在电竞行业快速发展的今天，女性选手的现状究竟如何呢？

# 女性：职业空间为何受限

## 11

现在有很多女性从事电竞行业相关的工作，比如主播、解说等，她们在这一行起到了很大的作用。但是，电竞职业选手中女性很少，可以说是凤毛麟角。面对以男性选手为主导的行业现状，女性要想进入这一行需要付出更多的努力。

就像很多工程公司会在明确拒绝女性应聘者时说"我不可能为你修一个女厕所"一样，女性若想打破目前清一色男选手的局面，一定要强到让大家觉得队伍里没有她不行。否则，在实力相当的两个选手中，俱乐部一定更倾向于选择男选手。

这样选也是出于现实的考虑：男女在沟通和协作方式上天生就存在一些差异，女性比较难以融入都是男性的队伍；在平时的训练中，男女选手要一起生活，难免有需要互相适应的地方。

不过，在一些个人项目上，女性的机会相对多一些。比如，2019年在暴雪嘉年华的《炉石传说》特级大师赛全球总决赛中，我国的女性选手Liooon就赢得了世界冠军。

－Sky－

如果女性不能进入以男性为主导的战队，那为什么不单独组建女队，为女性专门设置比赛呢？的确，传统体育项目大多都既有男子比赛，也有女子比赛。其实在电竞行业起步阶段，也曾有很多个人承办的女子电竞比赛，一些规模较大的联赛也设置过女子项目。但在电竞被资本化之后，女子比赛越来越少，相应地，女性电竞选手也变得十分罕见。那么，女子电竞比赛为何没有得到充分发展？这背后有着怎样的原因呢？

一个重要的原因是女子比赛的观赏性比较差。这就好比女子百米短跑成绩不如男子的，女子举重比赛的成绩也不会高于男子的一样。观赏性差，观众自然就不会多，也就吸引不到赞助，得不到资金支持。

那么，选拔高颜值女性来参赛会不会有助于发展女子电竞呢？很多人看女性比赛确实不关心她们的竞技水平，而只关注她们长得怎么样，身材好不好。《星际争霸》的传奇选手女帝 ToSsGirL 就曾经说："没人觉得我是以一个职业选手的身份击败了另一个职业选手，而更像是我以女生的身份击败了一个男生，这真是让我很沮丧。"

为了吸引眼球，一些俱乐部在组建女队时曾把颜值作为重要的筛选标准，并在宣传中突出"美女战队"的特征。但这些美女选手除了偶尔参加比赛，训练时间其实非常少，因为俱乐部还会安排她们花大量时间做游戏直播的工作，其中聊天能力好、能歌善舞的人会受到俱乐部的青睐。你很难说这些女队是职业战队，因为她们的工作其实比较多元。

但即便是在直播领域，单纯以相貌、聊天风格见长的女性也不见得有多大的优势。游戏直播的竞争非常激烈，真正能吸引大流量的一线主播目前还是以男性为主。因此，这种多元化的"美女战队"其实难以为继。

在这样的现实面前，一些有较好潜质但颜值一般的女选手自然就缺少机会接受专业训练。比如天禄女队，其队员分布在成都、河北等不同的城市，有自己的工作和家庭，只有晚上下班后才能通过网络隔空训练，偶尔有比赛时，才能"网友见面"。由于年龄、婚姻等种种因素，天禄女队的成员最后纷纷回归了家庭，电竞只能作为她们曾经的人生梦想，闪耀在回忆中。[12]

但女子电竞是否毫无前途呢？不少人认为，操作相对简单的手游项目会为女子电竞带来机会。2020年，腾讯电竞就表示将在《王者荣耀》这一项目中开设女子赛道，并在未来逐步招募女选手进入KGL（王者荣耀甲级职业联赛）职业电竞体系。

# 趋势：手游带来哪些新玩法

**12**

在电竞行业，存在所谓的鄙视链——打端游的看不起打手游的。一些玩家虽然会玩手游《和平精英》，却从来不看它的比赛，反而更爱看端游项目《绝地求生》的比赛。所以，端游电竞项目比赛的观众普遍比手游比赛的多。

这可能有两个原因。其一，现在电竞比赛的观众大部分是从端游时代走过来的，本身就熟悉、喜欢端游。其二，电脑处理器比手机处理器强大很多，因此端游的画面美感、质感更加偏向于电影，所以端游比赛的观赏性更好。

但是我认为，手游电竞项目比赛的观众在未来会超过端游项目的。我现在做直播接触的一些 00 后，甚至 10 后的小孩，玩的都是手游《和平精英》，反而未必看得懂端游《绝地求生》，虽然两个游戏差不多。这是为什么呢？原因很简单，他们是在手机上玩着《和平精英》成长起来的。而且现在这个时代，每个人都有手机，可以随时随地下载游戏，但电脑的数量和手机比起来肯定存在差距。

《王者荣耀》作为最受欢迎的手游项目，这些年发展得如火如荼。官方数据显示，2019 年《王者荣耀》赛事的总观看量达到了 440 亿，同比增长 41%。2020 年，《王者荣耀》日均活跃用户数达到 1 亿，成为全球第一个日均活跃用户亿量级的游戏产品。因此我判断，手游电竞项目比赛的受众会越来越多，并逐渐超过端游。

—Sky —

近几年随着手机的快速发展，手游的功能越来越多，玩家数量也随之增长。在 2018 年亚运会上，《皇室战争》《王者荣耀（国际版）》这样的手游项目，也和《英雄联盟》《炉石传说》等主流端游项目一起成了表演赛项目，NOVA 俱乐部的力量哥 Lciop 还为我国夺得了皇室战争比赛的亚军。手游的崛起不仅丰富了电竞项目，增加了观众数量，更为电竞行业带来了一些崭新的景象。

从俱乐部的角度来说，不同项目代表着不同的运营目标和运营方式。

《英雄联盟》这种国际化的大型端游项目，无论是游戏开发、竞技水平，还是赛事体系，都已经非常成熟，俱乐部在这个项目上能一步步打到国际顶级赛事，为国家争取荣誉，这是目前一些手游项目代替不了的。同时，《英雄联盟》已经有十几年历史，玩家中有 00 后、90 后，也有 80 后，所以，虽然这个项目不像后来出现的手游普及率那么高，但已经积攒了大量用户。因此，从赛事的系统化和规格以及用户基础两个维度看，《英雄联盟》仍然是俱乐部的头部项目，它的收入主要来源于赛事奖金和品牌赞助，因此提高水平、夺冠就是最主要的工作。当然，《英雄联盟》目前也在开发和完善手游，但规模还没有端游那么大。

手游操作方便且相对简单，所以关注群体无疑要年轻很多。更重要的是，它还有大量女性用户，这让手游项目的运营与传统端游项目明显区别开来，可以说，手游项目的运营更接近"饭圈"（粉丝圈）。你可以看到，在《王者荣耀》的选手中，帅气、善表达的人比较多，而俱乐部在花大力气提高战队成绩的同时，也会在适当的时候加强对他们的商业开发，甚至加入一些饭圈的做法。

－RNG 弓于钧－

第二部分

# 新手上路

# ◎入行须知

　　我们在行业地图部分提到，电竞行业的前景足够好，反馈足够快，但光鲜亮丽的背后是艰苦的训练、残酷的竞争和短暂的职业生涯。在同龄人全力以赴准备高考时，对电竞心怀憧憬的少年却放弃了学业，在键盘和鼠标间挥汗如雨，在手机的方寸间死磕到天明。他们夜以继日地一心想迈入俱乐部的大门，但这是一条怎样的路？新手会遇到哪些坎儿？又该做哪些准备？接下来，我们的受访者将从俱乐部通道、技术准备和意识准备三方面与你分享。

# 观念：电竞就是"玩游戏"吗

## 01

很多人喜欢玩游戏是因为游戏能给人带来即时反馈。你赢了一局游戏，击杀了一个人，系统马上会给你奖励，你也会马上感受到开心、快乐。这种反馈不可避免地会让人成瘾，让人想一直沉浸其中。但如果你是一名专业的电竞选手，那这种快乐出现的概率就会变得很小，即便系统给了你即时反馈，你也会理性对待，并且对其中的每一步进行分析。只有最终在比赛中获胜，你才会感到真正的快乐。

所以，如果你想成为一名职业电竞选手，就请先想清楚，你是仅仅喜欢玩游戏，还是想以此为职业。玩游戏和打电竞是完全不同的两回事，玩游戏是为了娱乐，而把游戏作为职业是为了成就自己，养活自己。

电竞和玩游戏的不同之处有很多。

**第一，作为一名职业选手，你不能随心所欲。**比如，一般玩家都不喜欢当辅助，而更喜欢玩输出位，想秀自己的技术，就像踢球时每个人都想当前锋射门进球一样。但赛场上不仅有前锋，还有中场、后卫和守门员，同样，电竞赛场上的选手也各有分工，不同角色都要有人承担。职业赛场上的辅助位要考虑的不是怎么杀人，而是怎么保护队友，有时他们还要承担指挥的职责，把握游戏节奏。辅助位打得好，往往不体现在自己的数据上，而是体现在输出位的数据上，但一些观众会认为功劳都是输出位的。反过来，如果输出位出了问题，被对手干掉，有些观众则会觉得是辅助位的问题，是辅助位没有做好配合，会在社交媒体上指责你、抱怨你。所以，辅助位也被叫作"背锅侠"。那么，如果俱乐部认为你是打辅助位的合适人选，你干还是不干呢？

再比如，普通玩家可能连续几年都只玩一两个自己喜欢的角色，从来不会选择其他英雄，因为他们知道自己玩不好，也不愿意花时间去钻研。但职业选手就不同了，他们需要了解每个英雄的所有信息，哪怕自己根本不喜欢，也要为了打磨技巧而把它们练到精通。简单的英雄可能十几、二十几局就能掌握，难的可能几百局也无法练完美。但为了胜利，他们必须把所有英雄练到位。

**第二，成为职业选手，意味着你选择了一种枯燥，甚至是艰苦的生活方式。**

普通玩家通常无法精准把控各种因素，因此很容易失误。玩游戏时自己失误少，对方失误多，可能就赢了。但职业选手很少失误，在赛场上，他们拼的是策略和执行。之所以能做到这一点，是因为他们经历了大量艰苦的训练。比如，《魔兽争霸3》的韩国选手 Space 从小就患有肌肉失调症，即便这样，他还是通过大量练习拿下了多项比赛的冠军。另一位顶尖电竞选手，被吉尼斯世界纪录认证为"持续赢得奖金时间最长的职业电竞玩家"的梅原大吾也说过："我从来没觉得我有游戏天赋，的确，我在大型比赛中取得了不错的成绩，但这只是因为我花了比其他玩家更多的时间训练。"

可见，是否能成为一名优秀的电竞选手，跟一个人的努力程度、意志力有很大关系。电竞选手这条路特别累、特别苦，如果你要做得比别人好，就要付出百倍、千倍的努力。

**第三，选择做一名职业选手，意味着你的目标就是和全队一起取得一场又一场胜利，但其实你面对更多的可能是失败。**

一些玩家在自己的小圈子里打得不错，成天被人追捧，经常听别人对自己说"大神求带！""有你我就躺了！"，于是觉得自己很厉害，幻想自己能在电竞赛场上大杀四方，在领奖台上捧杯。但真相是，如果你真的成了一名电竞选手，可能永远都拿不到第一，因为你是在跟全国，乃至全世界最顶尖的人竞争。

电竞圈有一句话叫"菜就是原罪"。你可以想想，在看过的所有比赛中，你能否清楚记得第二名的名字？大多数人是记不住的，他们只对冠军有印象，但是能拿冠军的人只有那么几个。你能接受自己永远拿不到第一吗？不仅如此，你甚至可能根本无法上场，因为成为一名电竞选手并不能和上场比赛画等号，你可能在俱乐部待了几年都只是一名替补。

电竞选手自身的价值很大程度上体现在比赛成绩上。如果拿不到冠军，就无法被人记住，未来的收入、发展等各个方面都会受到很大限制。作为一名选手，即使你打的是最高级别比赛，只要不是冠军，就不会有多少人知道你。更何况大部分人只能进入俱乐部的二队，或者进入一个不知名的俱乐部，参加一些知名度不高的比赛或者次级联赛。这些情况非常普遍，你愿意面对吗？

所以，你到底是喜欢随心所欲地玩游戏，还是想以此为职业呢？95%的人嘴上说"我想成为一名电竞选手"，但其实他们并不知道什么是职业选手，只是找个借口打游戏罢了。你是否能把成为一名电竞选手当作一件真正重要的事情来做？你是否能制订计划表，然后耗尽所有的时间和精力，有目标地进行训练？你是否会及时复盘，强化优势，弥补不足？你是否能面对一次次失败，然后从头再来？要想成为一名电竞选手，需要先想清楚这些问题，然后才能试一试走职业路线。

-Sky RocketBoy 老帅-

在电竞行业的残酷竞争中，只有真正热爱它的人才能享受其中并且坚持下来。

老帅说："在电竞行业，大家满足感比较强，因为大家都热爱游戏，电竞算一个升华，大家投身在里面，会有爱好变成事业的感觉。"

Sky说："电竞选手的生活是枯燥无聊的，热爱这个职业，你才会享受这样的生活，不然你会觉得每天都在受折磨。就像我当年刚成为职业选手的时候，虽然每天要高强度训练超过12个小时，我依然感觉自己像在天堂里生活一般。"

西门风说："每天都可以去挑战和战胜不同的对手，是一件十分开心的事情……我觉得自己的付出还不够多，我还想学到更多东西，想更快进步……进步让我真的很开心。"

如果你已经完全理解了以上问题，做好了准备面对未来的种种挑战，是否就意味着你一定能成为电竞选手呢？在你开始追求目标前，首要的问题是选择适合自己并且有较大发展空间的项目。很多人在选项目时倾向于选自己喜爱的游戏，但这真的对吗？

# 选项目 1：冷门游戏可以选吗

02

如果你喜欢和擅长的是一个冷门游戏，玩的人很少，甚至没什么大型比赛，那你就要考虑是否值得以它为职业。游戏冷门意味着关注者少，成体系的比赛可能根本没有，也意味着这些项目的商业化程度不高，选手的收入比较低。这样一个项目，能让你养活自己吗？

电竞项目之间的区别不会大到无法跨越，只要你肯花时间、精力去训练，就有机会成为不错的职业选手。暂时擅长的冷门项目和有较大发展空间的热门项目，你的选择是哪个呢？

如果你想追求一个更好的未来，追求更多人关注，自然要选择一个很火的游戏。因为这样的游戏才能打得长久，才不会因为游戏公司半路倒闭而让你没有比赛打，也不会让你因为游戏没人关注而心灰意冷，打不下去。

职业选手的黄金时间没几年，很多人在整个职业生涯中只能专注于一个项目，最多两个项目。如果你选"错"了，可能坚持不了多久就会放弃。虽然我们都说金钱不重要，关注不重要，热爱才重要，但实际上它们都很重要，它们都是激励你继续前行的动力。

以现在比较热门的电竞项目来说，《英雄联盟》从 2009 年开始已经发展十几年了，它的联赛体系比较完善，官方造星机制和围绕这个游戏打造的生态都比较好。我认为它未来会吸引更多人参与进来，也会有更多人观赛。应该说，它处于电竞行业生态的顶端。《DOTA2》和《绝地求生》处于中高端的位置，而《守望先锋》目前在国内还没有多大的声量。在手机端，《王者荣耀》与《和平精英》处于生态顶端，它们的联赛 KPL 和 PEL（和平精英职业联赛）正在逐步完善、发展，我相信在官方打造和政府支持下，这两个联赛会越办越好。

如果你想加入这一行，我会建议你优先选择《英雄联盟》《王者荣耀》《和平精英》。

-Sky-

不同于传统体育项目，游戏竞技项目一直处于更迭之中，且更迭速度很快。拿 MOBA 类游戏（多人在线战术竞技游戏）来说，在 Sky 做职业选手之前，《星际争霸》广受欢迎；进入 21 世纪后，《魔兽争霸》系列以及从中衍生出来的《DOTA》系列成为主流；随后，《英雄联盟》凭借完善的赛制体系吸引了全球玩家的目光，并成为目前大部分电竞俱乐部的主攻项目。而随着时间的推移，游戏项目的更迭还会再次到来，选手选择项目时要根据当时的情况综合考虑。

# 选项目2：手游一定比端游简单吗

**03**

在成为一名电竞选手之前，我跟其他人一样，也觉得手游和端游的电竞项目差距很大——手游容易，端游难。打了这么多年以后，我越来越觉得它们其实没有多大的区别，大家都是为了冠军这一目标而战斗，只是操作方式和设备不一样。

和端游相比，手游对普通玩家来说确实更简单，新手可以更早、更快地融入游戏，可一旦上升到赛事层面，手游就一点儿也不简单了。不要觉得端游选手转做手游会很轻松，真正让打端游的人转去打手游，在手机那么小的屏幕上做那么多操作，还是有一定难度的。手游甚至在某种程度上比端游还难一些，因为它节奏更快，要求选手对游戏的理解更加透彻。当然，让手游选手拿起鼠标、键盘去打端游，也是很困难的。

所以，最好不要因为大家所说的鄙视链而放弃自己热爱的电竞项目。

－ 老帅 －

选择一种职业需要考虑的因素确实很多，但最核心的是自己是否具备干这一行的能力。虽然很多高手都说自己没什么天赋，但不可否认，电竞这行是需要一些先天优势的。

LGD俱乐部就有一个专门针对电竞天赋的测试系统[13]，测试涵盖了反应能力、快速记忆和复原能力、信息捕捉能力、手眼脑协调能力和身体稳定性五个方面。相关负责人认为，无论被测试者擅长的是MOBA还是FPS（第一人称射击游戏），都需要具备这五类基本素质。比如，在体现选手信息捕捉能力的动态视力测试中，电脑屏幕上会在0.2秒内快速闪现5个数字然后消失，而被测试者需要按照顺序正确复写出这5个数字。对职业选手来说，准确率要达到80%左右才算合格。

如果你没有进行过这样的测试，又如何知道自己能否胜任电竞选手这一职业呢？来听听前辈们的建议。

# 判断：如何知道自己能否胜任

**04**

在传统体育项目上，很多孩子从小就被送到体工队，经历多年严格甚至是残酷的训练后，才会知道自己能否成为职业运动员并以此为生。很多大学生也是在经历了四年甚至更长时间的学习后，进入社会才知道自己是否真的喜欢并且擅长干这一行。但是，如果一个人想知道自己是否适合做一名电竞选手，很快就能试出来。

你可以拿出 6 个月的时间来试一下。前两个月，先在你当下所玩游戏的服务器中往前冲，其他的什么都不要想，跟在学校上课、学习一样冲排名。如果你能冲到前一百名，那获得一份职业俱乐部试训邀请的可能性就比较大。但如果两个月后，你的排名还是在几万名甚至几十万名以外，那你就大概率不适合这个职业。

拿到职业俱乐部的邀请后，你可以去俱乐部的青训队待一段时间，接受正规的职业化训练。如果你真的是高手，能顺利待下来，就有极大的机会成为职业电竞选手。但多数人通常一两个月就离开了，因为他们虽然做足了心理准备，但真正进入那个环境还是很难适应，只能知难而退。要知道，青训队里全是高手，这些人能否成为职业选手都还是未知数，更何况普通人？你去了之后，可能会发现自己是里面最菜的一个，每天的训练赛成绩都是 0∶5，一分都拿不到。如果发现自己在青训队里没有丝毫价值，那还待着干吗？还是回去读书吧。

短则不到一个月，长则三四个月，你就能判断出自己是否适合当一名电竞选手了。

如果你或你身边的小伙伴想成为电竞选手，天天坐在电脑前通宵不睡打游戏，建议用这样的方法试试。99.99% 的人都不适合电子竞技，你会不会是那 0.01%？

–Sky  RocketBoy–

如果经过通宵达旦的努力，你真的进入了某个服务器的前一百名，甚至更靠前，那么又如何拿到职业俱乐部的邀请呢？不同的项目其实有不同的方法。

# 途径：如何获得俱乐部试训机会

## 05

　　一些自认为已经打到较高级别的玩家会毛遂自荐，把自己的相关信息发给俱乐部的社交媒体账号，争取试训机会。但其实这样做的意义并不大，因为电竞选手的招募自有一套方法。

　　拿《英雄联盟》来说，在这款游戏的各主要服务器专区，尤其是在高手如云的一区及峡谷之巅，都有各俱乐部的经理或教练驻扎。他们就像星探一样，长期关注天梯列表，随时准备挖掘其中可能适合打职业比赛的高手。如果你想成为职业选手，那么一定要在这里打到顶尖水平，至少要排到天梯前20名，甚至更靠前。这样，俱乐部的"星探"大概率就会主动联系你，邀请你去试训。

　　如果你一时拿不到这样的成绩，但又特别自信能够打职业比赛，那也可以试试请圈内的大神帮忙推荐。如果以上两种方法都不适合你，但你还是不甘心，想发简历试一下，那首先要知道自己必须符合什么条件，否则，简历投过去也会石沉大海。

**首先是年龄**。职业选手的黄金期是 18~23 岁。如果你已经超过了 18 岁，那最好三思而后行，因为即便获得了试训机会，能进入青训队的概率也不大。

**其次是现有级别**。发简历的时候一定要写上自己在一区或者峡谷之巅的 ID 和级别，一般好一点的俱乐部都要求是一区的宗师以上。如果你刚刚打到钻石，那就再等等，因为俱乐部不会考虑这个级别的玩家。

目前，《英雄联盟》选手的招募主要靠经理、教练在天梯上发现人才，主动找过来或从电竞学校过来的人，最后能留下的其实非常少。这主要是因为《英雄联盟》已经是一款非常成熟的游戏了，竞技水平非常高。这就像一个金字塔，底座足够大，塔尖上的人也不少，那么俱乐部只需要关注塔尖上的那些人就可以了。

与之相比，《王者荣耀》的选手招募渠道就丰富多了。

**第一个渠道是从榜单上发现**。教练会在榜单上寻找优秀选手，尤其是会通过针对高端玩家的巅峰赛挑选。他们会想办法联系排名前 50 或者成绩在 2000 分以上的人，如果这个人不到 17 岁，也有意愿尝试，那教练就会建议他来试训。超过 17 岁的，俱乐部就不会考虑了，因为他们进来也没有多大的发展空间。

**第二个渠道是电竞学校。** 电竞学校往往会推荐一些优秀学员给俱乐部，如果符合条件，这些人也会获得试训机会。

为什么《英雄联盟》很难从电竞学校选到人才，《王者荣耀》就能呢？一方面，是因为游戏发展的阶段不一样，《王者荣耀》虽然在国内已经很普及了，但职业竞技发展时间毕竟不长，高水平的玩家还没有那么多。另一方面，是因为端游和手游的区别。

玩端游的人很习惯于在游戏中和别人加好友，聊聊天；而玩手游的人，打开手机游戏后一般只能玩游戏，很难同时干别的，通常只能通过加微信来沟通，但加微信相对私密性高一些，对方不通过的情况非常普遍，即便通过了也不一定理你。于是，电竞学校作为一个选手和俱乐部沟通的渠道，就会被利用起来。选手可以通过电竞学校找到俱乐部，俱乐部也可以通过电竞学校找到选手。目前，这是俱乐部招募选手的主要途径。

**第三个渠道是毛遂自荐。** 前几年，家长一听孩子要打游戏就极力反对，现在有些家长比较开明，只要孩子坚持，他们就会主动联系俱乐部，问可不可以让孩子试一下。如果孩子的数据符合条件，俱乐部就会让他来试训。

获得试训机会仅仅是第一步。在这期间，俱乐部除了会进一步了解候选人的真实水平，更重要的是会关注候选人的三观是否端正，与队友的沟通能力如何等细节。《王者荣耀》项目的教练还会重点关注你是用两根手指打，还是用四根手指打，这涉及未来的操作空间。

经过试训，能进入青训队的人大概只有 20%，而青训队员进入二队的比例就更低一些，甚至有时一个都没有。

当然，也会出现俱乐部发现某个玩家天赋过人，各方面素质都比较符合要求，但对方并没有想好是否要放弃学业、专职电竞的情况。这种情况一般只会出现在一些新项目刚组队的时候，因为没有成熟的榜单和排名，俱乐部只能从游戏运营商那里获得一些玩家数据，从中寻找合适的人。

记得《QQ 飞车》刚立项的时候，我们拿到运营商的数据，发现 M 云海的情况比较让人满意，于是我们就主动联系了他。他当时还是一个中专学生，完全没想过做一名职业电竞选手。我们和他聊过以后，他还是说没想好。当时已经快放暑假了，我们就跟他说，"暑假过来玩吧，打打游戏，有空调吹，吃的喝的都免费，还给你发工资，比你打暑期工赚的多多了。如果你想加入，就参加秋季的比赛，如果不想加入，那赚两个月的工资也不错啊"。当时真是软磨硬泡，他才肯来。事实证明我们没有看错，M 云海不仅可以达到让人瞠目的极限，还非常稳健。这两年他不断刷新纪录，能拿的冠军全部拿到了，被誉为亚洲竞速第一人。

所以说，如果想成为电竞选手，你最好先在自己玩的游戏中拿到比较顶尖的排名或数据，这样自然会有人来找你。当然，如果你足够自信，其他的方法也可以尝试。

-RNG 弓于钧　李昊　马超 -

这里所说的电竞学校，并不是像中国传媒大学、上海戏剧学院这样设有电竞相关专业的高等院校，也不是从属于某个职业俱乐部的教学机构，而是专门招收 16～20 岁的游戏爱好者的民办学校。这类学校大多会把学员分为两个方向，第一类学员希望在电竞学校提高游戏水平，从而进入职业俱乐部打比赛；第二类学员则希望进行电竞解说、直播、赛场运营维护等电竞周边技能的学习。电竞学校大多实行住宿制，每学期的学费从 1 万到 2 万不等。

电竞学校是否真的能培养出电竞选手？这个问题一直是行业内热议的话题，而不同项目也有着不同的答案。但可以肯定的是，如果你确有天赋，并且天梯排名足够靠前，那你很有可能在考虑进入电竞学校之前就已经接到职业俱乐部的试训邀请了。

针对这一点，前《英雄联盟》职业选手 Zz1tai 出了一个主意——成绩够了可以把自己的游戏 ID 改成名字 + 联系方式，方便俱乐部找到自己。俱乐部联系你之后，有可能会让你先在网上做试训，试训的数据能比较全面地反映你当前的技战术水平，是你迈过下一道门槛的重要依据。如果你顺利通过了网上试训，那么下一步就是到俱乐部参加青训了。但是，在决定参加某个俱乐部的网上试训之前，你最好先全面了解一下这家俱乐部的综合情况，确保自己做出的是正确选择。

# 选平台：应该看哪些核心因素

**06**

最近几年中国的电竞俱乐部发展很快，它们向足球、篮球等传统竞技体育俱乐部学习，逐渐建立起了一套公司化的管理方式。如果你足够优秀，有多家俱乐部可以选择，那么可以重点考虑以下几个方面。

**第一，俱乐部的赛训系统是否完善、给力。**

电竞俱乐部会根据游戏项目建立战队，通常会有一队、二队和青训队。一队打该项目的顶级联赛，二队则参加次级联赛。一个战队基本由教练、领队、数据分析师、队员以及替补选手组成。这样一个梯度完整、配置周全的系统能支持俱乐部在比赛中取得好成绩。

在这样一个系统中，领队负责选手的吃穿住行，确保选手有健康的身体，不用为其他事情操心，能全身心投入训练。

教练和数据分析师要帮助选手提升技术，比如提出一些英雄的搭配让队员练习，再讨论哪些地方需要调整，最后打出一套体系。

教练和数据分析师还要负责制订比赛战术，比如明确哪些情况应该打，哪些情况必须退，应该放哪个技能，等等。他们需要拥有多种视角，既要关照每位队员的情况，还要研究其他队伍的战术、英雄的使用。游戏版本升级或变化了，他们也要快速研究透彻。

在一些电竞项目，比如《王者荣耀》比赛开始前，教练和数据分析师要进行阵容选择的博弈，即 BP①。这一环节由选手和教练共同商定，多数时候主要由教练决定选择哪个英雄。BP 做得烂，选手个人技术再好也没用；BP 做得好，即使选手的个人水平不如别人，有时也能赢。

此外，教练和数据分析师还要观察队员的个人状态。如果某个队员在临近比赛时状态下滑，比赛时就可能会让另一个人上场。

其实在比赛中，电竞选手本身对赛况的影响只有50%～60%，其余40%～50% 都是由赛训水平、团队协同、数据支持等决定的。电竞不是一个人的项目。早期，比如 Sky 打《魔兽争霸 3》的时候，电竞比赛凸显的是个人英雄主义，但现在，团队的技战术水平占据非常高的地位。选手厉害是

---

① Ban/Pick 的简称，Ban 指的是禁用，Pick 指的是挑选。

很重要，但整体的技战术水平更重要，而且比个人技术的影响更大。这就好比在足球场上，11 个最优秀的球员组成一队，不一定就能取得最好的成绩。

比赛的输赢不仅在于个人，更在于整体，甚至在于俱乐部的整个系统。所以，如果邀请你参加试训的是一家系统完善，且系统化水平比较高的俱乐部，那么它会助力你拿到好成绩。

**第二，在俱乐部中你能否找到发展的机会。**

就像应届毕业生都想进阿里、腾讯这样的"大厂"一样，电竞选手也都想进入一些豪门俱乐部、明星俱乐部。但其实，新人最好不要这样选。

一个初出茅庐的电竞选手应该像谈恋爱一样选择适合自己的俱乐部，而不要好高骛远。在这个阶段，你需要在意的不是待遇，而是发展。比如，有些俱乐部的资金实力不能与一些头部俱乐部抗衡，无法用高价签到明星选手，只能选择通过青训队上来的种子选手，所以它们的青训水平比较强，给新人的机会很多。相反，一些头部俱乐部名气很大，资金实力十分雄厚，刚入行的选手也许根本无法从青训队进入二队，即便进了，也根本打不上比赛，只能坐冷板凳，这对选手的发展是极其不利的。

**第三，俱乐部是否需要你这样的人才。**

很多选手以为只要自己技术足够好，就能与俱乐部签约。其实不是这样的。有可能你实力很强，俱乐部也不会跟你签约，这是怎么回事？这是因为，俱乐部选人首先考虑的是现有的团队需要什么样的选手。比如，有些队伍需要技术好的，有些队伍需要理解能力强的，有些队伍需要输出位选手，有些队伍需要辅助位选手。所以，哪怕你各方面的条件都不错，如果队伍里没有适合你的位置，你也很难与俱乐部签约。

如果你并不是俱乐部现在需要的选手，就算你加入了俱乐部，就算你觉得自己比正式队中某个位置的选手表现好，也可能仍然没机会上场。因为这位选手已经跟队友磨合了很长时间，队伍的成绩也不错。如果要更换队员，重新磨合将付出很高的时间成本，而最终的结果也不一定比现在好。

所以，选手要想顺利进入俱乐部，并且能上场打正式比赛，最好先看清自己的能力，分析自己的位置，找到缺少自己这种选手的俱乐部。

－ 应书岭　Sky　老帅 －

关于选俱乐部，RocketBoy 提到，选手签约时要优先考虑这个俱乐部的上升通道，也就是从青训队升到正式队的标准是什么，确保自己能够通过青训队的选拔，加入正式队。的确，受邀参加试训、进入青训队并不意味着真正入行。青训队是最严格的一道选拔程序，只有通关晋级，进入正式队才算入行——哪怕是进入二队也行。

# 进阶：如何通过青训队选拔

**07**

如果你顺利通过试训进入俱乐部的青训队，那距离真正入行就不远了。但青训队并不是培养你、让你快速提高技战术的地方，它其实更像是一个选拔人才的池子，俱乐部把一批有潜力的玩家放在高强度的训练环境中，看看他们可以打到什么程度，是否真正适应这个职业。可以说，能进入青训队这个池子的人都是有天赋的，在这里拼的就是谁更努力，谁更能适应环境。

那么，俱乐部如何判断一个玩家能否进入正式队呢？标注主要有以下几个方面。

**第一是个人的技战术能力。**拿《王者荣耀》这个项目来说，青训队员会随机组队进行循环对抗比赛，俱乐部可以由此获得他的个人数据和成绩。在这期间，每个人努力的方式不一样，有些人是不断地打，有些人是不断地看，有些人是不断地问，但最后都是看成绩——通过游戏内的竞争，筛选出有能力的选手。一般情况下，一个人的位置、打法是不是俱乐部需要的，三五天就能看出来。

**第二是对游戏的适应能力。**一个游戏不仅会不断推出新角色，版本也会不断升级，那么选手在打法、风格上就一定要做出相应的调整。我遇到过两个青训队员，他们以往数据非常好，态度也十分端正，肯吃苦，但游戏切换版本后，他俩怎么练都不行，好像突然就不会打了。他们着急，我也着急。经过一段时间的努力后，他俩还是不行，最后只能选择离开。现在一想起来，我都觉得很可惜。

**第三是团队意识。**刚刚进入青训队的人，以往都是普通玩家，大多数还没有建立起基本的协作能力。如果只有一个进入正式队的名额，在团队意识很强但实力稍微差一些的人，和团队意识较差但实力很强的人中间，俱乐部通常会选择团队意识强的那个。

因为如果是实力不够，无论是管理组还是身边的队友，都会帮助他进行调整。就算他实力现在没那么好，也可以通过刻苦训练得到提升。但如果是因为性格、心态、沟通等方面的因素而导致团队意识很差、沟通和执行低效，那要给他建立很好的团队意识，比训练实力难得多。而缺乏团队意识，很可能会耽误整个团队战术的执行，也就很难在这一行走下去。

所以，在个人实力已经没有多大问题的时候，青训队员的首要目标是提升团队配合意识，融入队伍。可以说，青训队员进入正式队的最快方式，就是让俱乐部认为你能与团队融合，能和正式队员比较好地配合。

那么，是否有了这些能力就可以进入正式队了呢？

**其实，俱乐部还非常在意选手的三观是否端正。**这听上去有些冠冕堂皇，但其实三观会直接影响选手能走多远。比如，一个人是否认为人的成功和荣誉是通过刻苦努力换来的。别以为这句话很简单，人们的答案未必一致。可能有的人认为自己凭天赋就可以获得，有的人则认为机会、关系决定一切。

举个例子。我们曾经特别看好一个队员，他在试训的时候表现出了极高的天赋，反应速度、意识都特别好，青训的时候拿到了全队最高工资，但就是不努力，完全在靠天赋。如果游戏新出一个英雄，职业选手必须尽快把它的特点和打法摸透。别人也许打个七八天能大概掌握，他一天打个三五局就不再打了。更极端的是，有一次一个新英雄出来，我问他会不会玩，他说没玩过，我就让他下去练。过了几天，我看他基本会玩了，就问他打了多少局。他回答说，"你让我打，我就打了一局，现在是第二局"。我再让他多打的时候就发现，他对这个英雄在游戏中的机制、特点并不十分了解。这就是关键。因为不努力，打的次数不够多，所以对游戏中的一些设计、机制摸得不够透。这样，他对机制本身的使用灵感就不会多，针对不同问题也就不会有更多思路。这个队员后来也没什么发展，现在已经不在电竞圈里了。

三观还体现在一个人是不是自私自利，是不是总爱占别人的小便宜等，而这都会影响一个人和队友的相处，会影响整个队伍。三观不正的人我们是不会要的。

-RNG 马超 -

关于天赋和团队意识孰轻孰重，当过领队和教练的 Sky 认为不是绝对的，具体要看团队的需求。他说："选择队员的首要依据是我现在的团队需要什么样的选手。如果团队缺的是天赋很高的输出位置的选手，即使他的团队意识不强，我也会选择他。如果现在团队所有的位置都不错，但是有一个选手比现有人员的天赋高一些，而且团队意识也很强，那我也会选择他。"

一般情况下，在青训队待上半年就能清楚自己是否有机会加入正式队了。如果各方面反馈平平，那么大概率你在这里的发展空间不大。如果你顺利进阶成为正式队员，也别高兴得太早，因为正式入行和能打上比赛其实是两回事。

# ◎技能准备

很多 MOBA 游戏中都有不同的英雄可供玩家选择，多则上百个，少则几十个，每个英雄都有不同的技能。即使一些游戏不用选择英雄，可供选择的武器也有几十种。如果你想成为职业选手，就要对游戏中的所有英雄或武器了如指掌，而不能像普通玩家那样随便玩玩。

# 事半功倍：操作前先看说明

**08**

游戏出了新英雄，很多人会选择直接上手玩。稍微有心点的玩家可能会先去训练营试一下，然后再实战。其实，在练习一个英雄前，最重要的事情是阅读英雄技能的文字说明。

技能的文字说明基本上没人看，因为玩家觉得只要上手实操就能弄懂，不必费时间看那么一大段文字。但实际上，有些技能的使用有严格或复杂的限定条件，如果不看说明就直接去练，可能很长时间都无法弄懂。

以《王者荣耀》里英雄蒙恬的技能"方阵突刺"为例，游戏说明的描述是这样的："蒙恬朝指定方向突刺冲锋，对路径上的敌人造成 200/240/280/320/360/400（+70% 物理加成）点物理伤害，在冲锋结束时会进行盾击击飞前方目标并增加大量兵势……"

从中很容易得到以下两点信息：一是蒙恬碰到敌人会给对方造成相应点数的物理伤害；二是技能结束时，蒙恬会击飞碰到的人。但是，这里面的"兵势"是什么意思？说明里没有明确介绍，而这就是这个英雄的隐藏机制。

接着，你可以去看这个英雄的其他技能。你会发现，"兵势"在"玄雍防线"这个被动技能中有描述："蒙恬技能（盾击）命中敌方或在防御姿态期间所受到的伤害（计算忽略自身免伤）会成为兵势。"

看到这里，你可能还是不太理解，这时就可以进训练营试一试了。你会发现，蒙恬如果撞到敌人，头顶会出现一个黄条，可以推断黄条可能是兵势。再回看一下文字描述，对应着进行理解，就可以知道"兵势"的其他作用："兵势盛极后的蓄力猛击还可额外造成 20% 伤害和已损生命值 8% 的回复。""蒙恬普攻会消耗所有兵势强化为蓄力猛击，造成 40（+100% 物理加成）点物理伤害，蓄力期间可减少 20% 来自正面的伤害、免疫控制效果并获得额外 100% 的兵势。如果蒙恬在此期间受到伤害，则会对前方目标造成 90% 减速效果。"

通过这种方式，你就可以对每个技能有更清楚的了解，在训练营试玩的时候，自然能更快地试出什么连招对敌人的伤害更高，什么连招最安全，或者什么连招有控制技能。最后再通过实战测试一下，弄清楚在不同情况下怎样操作更好，这样就会产生事半功倍的效果。

－老帅－

# 事无巨细：对武器有充分了解

## 09

你要对自己使用的武器有充分的了解。很多被誉为"人形自走挂"①"人类瞄准精华"的选手经常被问到一个问题：怎么才能打准呢？他们给出的回答通常都是："这是一种感觉，多练练，找到这种感觉就好了。"

但有很多人说："我也练了很久啊，为什么还是打不准？"这很可能是因为没有用对方法。所谓对的方法，就是在进行大量重复练习之前，先去了解自己手中武器的属性。

武器的弹道机制是怎样的？是直线、曲线还是抛物线？武器是什么类型的？是狙击枪、步枪还是火箭筒？假如是狙击枪，那么它是栓狙②还是连狙③？它的弹道会延迟多久？是能即时命中，还是要用较长时间才会到达准星指的地方？这个武器用什么射击方式？是点射、连射，还是因为弹道延迟太久而要做提前预判？子弹在多远的距离能够造成有效伤

---

① 明明没有开挂，打游戏的技术却像开挂了一样。
② 单发射击的狙击步枪，打完一枪以后要手动拉枪栓退壳，然后重新装弹。
③ 可以连续射击的狙击步枪。

害？伤害是否会随着距离的增加而减弱？弹药的填装时间是多久？

在《绝地求生》中，投掷武器，如破片手榴弹的弹道就是抛物线；霰弹枪，如 S686，在近距离的伤害很大，但是打不到远距离的目标。《守望先锋》中法老之鹰的主武器火箭发射器，弹道射速就很慢，如果攻击远距离的敌人，需要预判他的动作，如果直接瞄准他的位置，可能等炮弹到达时，他已经走远了。《反恐精英》中的 AWP[①] 是栓狙，打完一发之后会有弹药装填的时间。

介绍这些并不是要让你牢记这些数值，而是要提醒你：只有对武器有了充分的了解，才更容易找准感觉，更有机会命中目标。

-RocketBoy-

---

① 一种高精度狙击步枪。

# 不厌其烦：拆解动作，培养手感

**10**

和所有竞技体育项目一样，电竞选手要通过大量有针对性的练习，培养自己对项目的"手感"。

比如，当你练习打枪动作的时候，可以将动作拆解开，对每个步骤进行针对性练习。FPS的打枪可以笼统地分为下面几种：定枪、截枪、压枪、跟枪、拉枪、甩枪。

**定枪**就是打枪的时候不移动鼠标。这是最基础，也最稳定的射击方式，适合任何种类的武器。你可能会觉得这很容易，但很多人在打枪的过程中都会手抖——明明已经瞄准了敌人，却因为手抖导致鼠标挪动了非常微小的距离，结果空枪了。想要避免手抖，就需要进行大量的刻意练习。你可以进入靶场，选择不同的距离来练习，可以贴脸练，也可以远距离练；或者选择不同的地点来练习，可以试着高打低，也可以试着低打高。总之，变换各种打枪的场景和方式，始终让准星处于几乎不动的状态，然后进行射击。

**截枪**是指当你瞄准的时候，敌人进行了位移，你需要拦截他，因此要预判他的位移速度，让自己的准星始终比他快上一截。一般来说，有延迟的弹道武器用截枪最多，比如火箭炮、导弹等。狙击类的武器也常用这种方法，因此玩家总会说，"在打得准的狙面前，不要跳"。因为跳起来之后，对方更容易预判你的位移，你极有可能在落地的瞬间就被一发爆头。

FPS 游戏为了使玩家获得更加真实的体验，打枪时会产生后坐力。这样一来，玩家每开一枪，后坐力都会导致枪口上抬。**压枪**，简单地说，就是你要通过移动鼠标压住这种上抬，把准星始终控制在目标范围内。连续射击的武器经常会用到这种射击方式，比如步枪和冲锋枪。要想练好压枪，鼠标的移动是关键。你需要在靶场中选择不同的位置和距离，锚定一个点，不断练习。

需要注意的是，不同的枪需要不同的压枪方法。比如，有的武器靠单纯鼠标下移就可以，有的武器则需要向左压或向右压，或者前几发是向下压，后面要向左压或向右压。你需要进行大量的练习来摸清规律，找到感觉。压枪基本上不可能始终打在同一个点上，控制在一定的范围即可。

**跟枪**是指玩家的眼睛持续接收显示器屏幕所反馈的信息，控制鼠标的移动，对目标进行跟踪瞄准。跟枪需要玩家根据目标的移动，连续将鼠标向一个方向高速拉。在这个过程中，肌肉疲劳、动作变形、鼠标活动空间不足等因素都会降低射击的精度，尤其是当敌方做无规律、不规则的运动时。要想做到跟枪精准，你可以先从移动比较规律的物体练习，等自己的准确度不错了，再寻找移动随机性大的物体练习。

**拉枪**是指在面对两个及以上敌人时，快速打掉一名敌人后，把准星拉到另一名敌人身上，实现以一打多的效果。在《反恐精英》中，很多游戏高手都用这种方法打出过令人瞠目结舌的操作。要想练好拉枪，你需要随机找靶子练习，试着瞬间由一个靶子移动到另一个靶子上。

**甩枪**是指短时间内大幅度调整准星，将准星移动到目标身上，然后立即开枪。很多高手都掌握了这个技巧。甩枪可以让人打出非常精彩的效果——在对手和观众还没反应过来的时候，就把对手消灭了。要练习甩枪，可以先把鼠标放在一处，然后瞬间将准星甩到目标身上，通过不断练习寻找手感。如果你觉得自己甩枪比较准了，甚至可以尝试在练习的时候关闭准星。

在命中率提高的同时，你就可以开始追求爆头率了。

在 FPS 游戏中，打中头和打中身体造成的伤害肯定是不同的。一些狙击类武器更是最好做到一击爆头致命，而这需要玩家知晓爆头线。

你可以先试着自己静止不动练，然后进行位移、射击。毕竟，如果你在打对方的时候静止不动，那就成了活靶子。牢记不要站桩输出 [1]，要练到自己能蛇皮走位 [2]，打对方还能打得准。

以上练习最好是在固定鼠标速度、固定游戏灵敏度的情况下进行。最重要的是养成一种习惯，从而练出"手感"。

-RocketBoy-

这里说的"手感"并不是我们通常意义上触摸一件物品时的感觉，而是指经过大量练习后形成的动作反应。在职业电竞选手的技术动作中，视觉信息捕捉、大脑思维分析和手部操作这三个过程在时间上是高度重叠的。选手在用视觉捕捉信息的同时，不仅要充分调动大脑进行空间、形象思维的决策，还要借助各种逻辑数理思维进行分析判断，并结合以往的技战术储备做出手部反应。整个过程最大的特点就是思维过程的行动性 [14]，也就是手眼协调能力，而这种能力在一定基础上是可以通过训练提高的。这也是为什么职业选手除了花大量时间进行技战术配合的训练外，个人技术训练也不

---

[1]　在战斗游戏中，玩家静止在一个地点进行攻击的行为。

[2]　指通过无规律的左右移动来躲避敌方的攻击。由于这种走位方式会像蛇一样走 S 形，故得名蛇皮走位。

能放松。而对准备入行的新人来说，提高个人能力当然非常重要，因为任何专业技能的培养都是积跬步以成千里的过程。经过漫长的努力，你最终会形成更完整、更具创造力的肢体表达。[15]

# 摸清地形：找准英雄优势区域
## 11

练习英雄，不仅要熟悉英雄的技能，还要知道他在哪张地图或哪种地形中可以最大程度地发挥自己的优势。每个英雄的机制不一样，适合的地图或地形也不尽相同。

以 MOBA 游戏《王者荣耀》为例。在普通玩家眼中，地形可能分为草丛、河道、野区以及上中下三路，但在职业选手眼中，地形分为狭窄和开阔两种。上中下三路属于开阔地形，野区属于狭窄地形。河道则比较特殊，虽然比较开阔，但英雄可以随时撤到狭窄的地方。

有些英雄的技能范围很大，可覆盖的战场面积很广，那他们就适合在狭窄的地形作战。因为在这种地形，对手被限制得比较多，不容易逃出技能范围。比如，周瑜的技能覆盖范围很广，他就适合在狭窄的地形作战。

手短①的英雄，比如曹操、铠，则适合在开阔的地形作战，因为这类英雄只有接近敌人才好展开攻击。如果地形狭

① 指攻击距离短，技能近距离的多。

窄，只有一条路，狭路相逢，只能硬顶着敌人上，对方就很容易躲避，自己也容易受到伤害。但如果地形开阔，这类英雄就能够从其他地方绕路，从敌人意想不到的地方出来，打他个措手不及。

再以 FPS 游戏《守望先锋》为例。有些英雄在某些地图中很强势，在另一些地图中则比较弱势。比如，法老之鹰适合在开阔、地形高低差大的地方（如漓江塔、伊利奥斯）作战，因为她最大的优势是取得制空权，在空中对地面打出大量伤害。相反，狭窄的地形会限制她的飞行，而且在这种地形，她拥有的伤害值非常大的武器——火箭发射器，打出后可能会溅射到自己，对自己造成伤害。又比如，一些狙击类的英雄，如黑百合，就适合在高位、枪线长的地形作战。

有了这些经验，你就能根据具体情况进行具体分析，形成一种直觉的判断，比如在什么地方可以用谁切入，什么地方比较限制谁的发挥。在练一个英雄之前，你可以先根据他的特征思考一下，他可能适合在什么地形使用。这样，在正式练习时，你就能有意识地注意这一点，让英雄的实力得到更好的发挥。

－老帅　RocketBoy－

# 精准走位：让英雄进退自如

**12**

同一个英雄，在知道了他适合在什么样的地形作战，也知道了他的技能怎么使用可以带来最大收益之后，依然可能存在大家对他的使用水平高低不一的情况，这是为什么呢？问题可能出在走位上。最好的走位是你想切我的时候，我退一步就能走掉，我想打你的时候，我进一步就能打到，而这需要动态地把握英雄的位置。

不管什么游戏，要练到这种程度，**首先要熟悉自己技能的距离和对方技能的距离**。这一点只要多练多想就比较容易做到。举例来说，在《王者荣耀》里，战士类英雄，如亚瑟，技能的攻击范围就比较近；射手类英雄，如虞姬，技能的攻击范围则比较远。

**其次，你需要逼迫自己多去单排**①**练习，在没有队友保护的情况下锻炼自己**。因为在专业的团队比赛训练中，队友之间有一定的默契，他们会保护你，帮你规避很多伤害和风险。

―――――――――

① 一个人进行排位赛。

单排的时候，你最好选一些大家公认比较菜或者很好欺负的英雄，来磨炼自己的意识。这样你就会知道哪些位置比较危险，怎么走位更容易规避伤害，哪些英雄会容易针对你，从而有所提防。

以《王者荣耀》中的安琪拉为例，这个英雄相对简单，在比赛中限制比较大，只是偶尔出场。因为她腿比较短[1]，很容易被切，很容易死，所以经常被针对。但是，动态地把控与对手的距离，同时结合连招——先用二技能"眩晕"控制敌人，再用一技能"火球"造成伤害并叠加被动，最后开启大招调整位置黏住输出[2]，就会达到秒杀敌人的效果。

大量练习之后，你面对任何情况都能用自己的方法应对，也能下意识地判断出别人在干什么。

－ 老帅 －

---

[1] 指移动速度慢且没有位移或加速技能。
[2] 输出是《王者荣耀》中的主力位置，能够对敌方造成大量伤害。

# ◎意识准备

如果你希望成为一名职业选手，就意味着你从此不再是纯粹为了娱乐而打游戏。职业选手的目标非常明确，就是赢得比赛。他们要对游戏的细节和机制非常了解，同时也要尽一切可能摸清对手的思路，提升自己的游戏意识。

# 目的：强化"赢"的意识

## 13

电竞选手和普通玩家的重要区别之一，是玩家打游戏可能仅仅是为了娱乐，用什么方法和战略、选哪个英雄全凭兴趣，而电竞选手的目标非常明确，那就是获胜。而获胜，是由无数正确的选择堆砌而成的。要做到在关键时刻做出正确决策，需要不断训练自己的游戏意识。

**首先，你必须抛开自己的兴趣，深刻意识到什么是赢。**

在游戏中，大家都很享受击杀对手的快感，观众也喜欢看比较激进的打法，但赢得一局比赛跟杀人是两回事。请记住，你是要赢，而不是要杀人或者耍帅。

围棋大师聂卫平曾经说过："围棋最主要的就是'全局'与'局部'的关系，棋盘方寸，但子子相连，一环套一环，一着不慎会满盘皆输。只有在头脑中形成完整的、有逻辑的套路，同时针对敌方的落子形势相时而动，补充完善，才可能毕其功于一役，赢得最后的胜利。"游戏也是同样的，眼前和局部的利益固然重要，但大局，即赢得最终的胜利，才是最重要的。

每个游戏的机制不一样。在《英雄联盟》《DOTA2》《王者荣耀》这三个游戏中，要赢得一局，就要推掉对手的基地。你杀的人再多，操作再精彩，优势看起来比对方多再多，也不意味着你就可以赢得比赛。即使是在职业赛场上，也经常会出现选手因为沉迷输出而让对手钻了空子的情况。在MOBA 游戏中，更是经常上演"攻其不备，出其不意"的戏码。比如，在 LPL 中，三天两头就会出现"偷家"①的情景；在 KPL 中，不少选手喜欢偷家，AG 超玩会的梦泪就被称为"偷家狂魔"。

在《绝地求生》《堡垒之夜》《和平精英》这三个游戏中，要赢得一局，需要己方之外的所有人死亡。哪怕你击杀的人是全场最多的，没有活到最后也不算赢。而最后赢的那个人，甚至可能没有杀死一个对手。

在《守望先锋》这个游戏中，根据地图的不同，获得胜利的方式不同。比如，在攻防地图中，攻击方只有占领特殊目标才算赢，防守方则只有成功阻止攻击方达成目标才算赢。又比如，在《守望先锋》2017 年举办的 APEX 职业比赛第二

———————————

① 一般指 RTS（即时战略游戏）、SLG（模拟游戏）中以少量兵力直取敌方基地，或者 MOBA 游戏中当敌方玩家不在基地内时，直接攻击核心枢纽（水晶等）的行为。

赛季决赛中，北美战队 Cloud9 对阵韩国战队 AF. Blue 时，地图是占点图——双方队伍要抢夺同一个目标点，并尽可能地保持对它的控制，取得两次胜利才能赢得比赛。在双方对目标点的控制都接近 99% 时，Cloud9 连续两次团灭 AF. Blue，却因为没有碰触目标点而输掉了比赛。从那以后，"C9"成了《守望先锋》只杀人不占点、不推车，从而输掉比赛这类事故的代称。

看了上面的案例，你应该能体会到，实现击杀确实可以让人享受到乐趣，但电竞选手不能顾此失彼。赢和爽是两件事，不管身处什么情况，都应该把赢这个大局放在心里，防止出现杀了对手却输了比赛的情况。基于这一点，你在训练中就要把注意力集中在能赢得比赛的方法上，而不能把它放在杀人这么简单的事上。

**其次，你必须通过大量练习摸透游戏赢的机制。**

在一场对局中，形势瞬息万变，在某个时间点做什么才能让队伍的胜率变得更高？开局时，大家都是从零开始，谁都不可能立刻碾压对方，那应该怎么通过自己的努力为团队创造一些优势呢？这些是每个选手都需要考虑的问题。每个游戏的机制不一样，你需要在训练中不断摸索，找到赢得比赛的最优解。比如，《王者荣耀》最大的逻辑是推掉水晶才能赢，那么选手就要分析每个环节应该做什么才能最终推掉水晶。

游戏的每个版本都不一样，有一百多个英雄，几十件装备，地图上有很多因素，比如三条路、不同的野怪、不同的龙、不同的草丛。这些因素应该怎么运用？就像下象棋一样，开局对大家都是公平的，但是马要怎么走、炮要怎么打、兵要怎么用，都是大家要去博弈的点。要想赢得最后的胜利，你需要规整清楚每一个博弈点可以做到的最好情况，最好能预判对方会怎么操作。即使无法做到这一点，在同一水平之下也要做到更好。当然，想清楚每一个博弈点可能出现的操作方法，需要你实实在在地花时间去训练。

**最后，你必须训练"抓机会"的能力，快速制胜。**

比赛一开始，双方的胜率是一样的。慢慢推进到后面，可能会有一方取得一点优势，比如单杀了对方的一名成员。但这可能不仅仅是一点优势，而是一个能够扭转战局的关键信号。

拿《王者荣耀》来说，单杀、推塔[①]、拿到中立资源等，都是可能会影响战局的动作。如果你占了便宜或者取得了优

---

① 摧毁对方的防御塔。

势，一定要拿它做文章，顺势进攻或者做推进的动作。比如，如果你单杀了对手，就应该根据情况看是否要继续进攻，再杀掉对方几名成员扩大优势。再比如，你拿到了中立资源，大幅度提升了团队战力，就应该考虑是不是可以借此拿到比赛的胜利。

再以《守望先锋》为例。如果你在己方满员的情况下杀掉了对方的辅助，这就是一个很好的进攻信号。如果己方握有 6 个大招，你就应该考虑是不是可以进攻一波了。

这种机会点都是稍纵即逝的，可能一个犹豫就会错失先机。所以，无论是在平时的练习还是实战中，你都要在脑子里拉一根弦，提醒自己碰到类似情况时快速做出判断，果断向前推进。

-老帅　RocketBoy-

# 细节：牢记时间和地形信息

## 14

只有目标明确的训练，才能让你在游戏中不放过任何有价值的信息和资源。

一般来说，游戏中有很多中立资源，比如血包，这些资源能为整个队伍提供加成的野怪等。但是，光拿到这些资源是不够的，电竞选手还要把这些资源的参数牢记在心并利用起来。

**一个最常见的方法是熟记这些资源的时间点。**

比如在《王者荣耀》里，游戏开始后的 4 分钟是一个关键节点，因为这时每条路的兵线会有比较大的强化——炮车会在这时加入战斗，它的血量高，威力也大。在这个时间点之后，你就一定要注意别在小地方吃亏。因为如果你在开局 2 分钟时被单杀，对手是推不掉你的塔的，但如果你在开局 4 分钟兵线加强之后被单杀，塔一定会被推掉。

除了中立资源，另外一些会提升整个战队战斗力的资源更要注意。开局 2 分钟刷新的小龙（暴君），开局 8 分钟刷新的大龙（主宰），每 1 分 40 秒刷新一次的红蓝 buff①，这些都会提升战队的整体战斗力。尤其是龙，如果在比赛后期失掉，队伍在整体节奏上会吃很大的亏。所以，队伍即使有失误，有一定的劣势，也不要踩在这些点上失误，让对手拿到更多优势资源。

在这些时间点里，相对难记的是红蓝 buff。如果蓝 buff 在开局 1 分钟时被打掉了，你就要记得在 2 分 40 秒时会刷新；如果对手的 buff 在 1 分 30 秒时被打掉，你要记得在 3 分 10 秒时会刷新。当然，选手之间也会互相提醒。整个队伍需要对时间进行精确的计算，在某个时间点到来之前，提前到相应位置做准备。

**除了牢记时间点，关键地形也要熟悉。**

游戏也是一个世界，里面有各种各样的地形，比如城堡、高楼、草丛、悬崖。熟练操作英雄的同时，利用地形可以帮助你击杀对手、规避伤害，同时你也应该注意避免因为不熟悉地形而被击杀。

比如，《王者荣耀》里有草丛，你躲进去，对手如果没有草丛视野，就看不到你了。双方单挑时，如果对手的技能锁

---

① 游戏中为增强角色的能力而施加的辅助状态。

定了你，你突然进入草丛，对手就会丢失目标，你就可以顺势躲掉对方的技能。如果旁边还有野怪或小兵，技能则会击中他们。你残血被追杀时，同样可以利用草丛躲避，在里面等待技能冷却，从而增加逃跑成功的概率。你还可以利用草丛达到击杀对手的效果——等待对方靠近，一套连招就可以将其秒杀，王昭君就是可以这样使用的英雄。如果你被对手追杀，也可以朝自家防御塔的方向跑，躲在塔后。

在 FPS 游戏中，更要善用地形。善用地形可以帮你规避伤害，比如在跟对手对枪的时候，你可以躲在墙后面。善于利用地形还可以让你完成漂亮的"地形杀"。比如，《守望先锋》的伊利奥斯地图中间有一个深井，英雄如果掉进去就会死亡，所以你可以使用一些能够使对手发生位移的技能，比如卢西奥的技能"音速扩音器"，将对手推入深井。

时间和地形都是很细节的信息，但对比赛来说十分关键。无论你打的是哪一款游戏，都要了解清楚这些信息，并利用它们打好比赛。

－RocketBoy　老帅－

# 第三部分

# 高手修养

# ◎协同训练

经过打天梯排位、俱乐部试训、青训队选拔，一名新选手正式进入俱乐部后可能会面临两种局面——要么在二队打次级联赛，要么直接进入一队打顶级联赛。很多位于行业顶端的知名选手入行即巅峰，也就是刚进入俱乐部不久就得到重用，成为战队主力。这样的选手一般具备两个条件：一是他们天赋异禀，有着过人的个人技能；二是他们有着良好的团队协作能力，能快速融入战队，并且在打法上符合战队的整体思路。这其中，团队协作能力更为重要，它是一个高端玩家成长为职业高手的关键因素。

某俱乐部曾针对天梯排名靠前的高端玩家举办训练营，在某一季的训练营中发生过这样一幕。训练赛前半小时，打野选手小 A 独自坐在电脑前紧张地打个人排位赛，但他没发挥好，排名不理想。小 A 正在气头上时，训练赛开始了，他带着情绪进入比赛，整个人就像在梦游一样，队友多次提醒也无济于事。小 A 的心情越来越糟，鬼使神差地突然放出大招，把自己队伍中的 ADC 炸掉了，让对方直接冲过来，结束了比赛。这样的自杀行为瞬间激怒了全队，五个人乱作一团，争吵不休。[16]

这样的局面绝不会发生在职业队伍中，职业选手会清醒地意识到自己和队友是一个整体，他们既不会在赛前做干扰比赛的事情，也很少在赛场上情绪失控。他们能够在比赛中紧密配合，遇到任何情况都能及时沟通并迅速达成共识。事实上，在职业选手平时的训练中，大部分时间都花在了协同训练上。

# 团队：合力才能赢

## 01

现在主流的电竞项目基本都是团队作战，队伍中的每个人担负着不同的职责。就好比足球队伍里有前锋，有后卫，有的负责进攻，有的负责防守。

以《和平精英》为例，一场 4V4 的比赛，每支队伍中有 4 个人，他们会承担以下几种角色的职责：指挥手、突击手、断后手和自由人。

指挥手就像一个棋手，每个队员（包括他自己）都是棋局中的一部分。从游戏中上飞机那一刻开始，他就要对全局进行掌控，制订运营战术，规划路线，带领队伍前进。

突击手需要有过硬的枪法，善于利用投掷物，具有破点能力，接收到指挥命令后可以执行到位。

断后手必须有强烈的安全意识，负责看守队伍的"屁股"，时刻关注队伍是否遇到了危机，及时赶走从队伍"屁股"偷袭的敌人，还要提醒队友。

自由人需要具备随机应变的能力。这是一个比较灵活的位置，无论是战术运营还是其他地方出现问题时，他都可以补上去。如果前面需要他，他就要去前面；如果后面需要他，他就要去后面；如果前面和后面都需要他，他就要判断怎样才能更有效地扩大队伍优势。

在平时的训练中，团队成员都有明确的分工，但到了赛场上，有的选手打 high 了，就只顾着自己炫技。比如，断后手看到有敌人，打算自己把他收掉，不预先提醒队友，结果导致队伍被团灭。这样的做法非常不职业。在团队游戏中，所有行为都要以团队利益为前提，每个选手都要承担起自己的职责。

— 西门风 —

《英雄联盟》也是一个需要高度协作的项目，分为上中下三路，以及上单、打野、中单、输出、辅助五个位置。

上单：位于游戏上路，往往是团战中的前排肉盾，替队友承受伤害，同时利用自己的控制能力，阻碍对方的伤害输出。

打野：位于游戏野区，主要任务是偷袭、包抄、围杀，有预谋地击杀对手以起到压制作用，帮助各路队友建立优势。打野选手通常都要随时观察小地图，安排好对各路的支援，所以他们都比较细心，粗心大意的人很难玩好打野。

中单：位于游戏中路，个人能力要非常强，同时也需要游走支援队友。一般喜欢玩中单的都是想要展现个人综合实力的人。比如，职业选手大魔王Faker的单挑就是无敌的，同时游走支援意识也非常强。

输出：位于游戏下路，也叫ADC，前期以发育为主，后期主力输出伤害。这类玩家一般沉稳冷静、充满自信，能给对手带来爆炸性的伤害。比如大家熟知的Uzi，对线能力强，后期打团更是胆大心细，不管场上是什么局面，都能稳定打出自己该打的伤害。

辅助：位于游戏下路，职责是保护ADC，保证其前期安全发育，在战斗中为其他四名队友制造良好的伤害输出环境，并适时进行支援、开团，引领游戏节奏。一个好的辅助需要有很强的大局观，比如，辅助选手Ming开团就非常果断，为RNG战队制造了很多机会。[17]

有人认为俱乐部想提高成绩，只要肯砸钱，买最强的选手就行了。但事实并非如此。现在热门的项目大多是团体游戏，最强的人来，如果融入不了队伍，不仅没法提高战队成绩，可能还会帮倒忙。

以《英雄联盟》为例，上单、中单、打野、辅助和 ADC 五个位置上的人必须紧密配合，才能打出战术。

拿上单来说，上单英雄很多时候是孤军作战，他位于游戏上路，远离中下路的核心，但其实对全局的影响非常大。

首先，如果他能在上路压制住敌方的上单，那么己方中路和下路就有机会放手一搏；如果他被敌方压制，那么己方中路就得来帮忙，而这样就会给敌方较大的施展空间。

其次，上单还可以配合中路入侵敌方野区。如果将敌方野区全部侵占，那敌方中路就没有办法抓人，自己队友的压力就会减轻很多。

最后，上单还可以游走支援团战，因为他带的召唤师技能是传送，所以在其他路线爆发团战时，他可以利用传送直接到达队友身边。如果是比较强悍的上单，甚至能依靠个人能力在团战中充当主要角色，带领整个队伍赢得比赛。

ADC 和辅助位的配合就更重要了。《英雄联盟》里有一些经典搭配，比如老鼠（图奇）配曙光女神、卡莉斯塔配锤石（魂锁典狱长）。ADC 和辅助共同位于游戏下路。ADC 的职责是在游戏后期补刀，输出大量伤害，他在很大程度上决定了比赛的胜负，所以早期他一定得活下来，并且获得良好的发育。而辅助位的首要任务就是让自家 ADC 活下来，所以他会在前期让出下路所有获得经济 ① 的机会，让 ADC 一个人吃掉。同时，辅助位还会随时盯着小地图，一旦发现对方偷袭或骚扰，就马上提醒 ADC。辅助位要有比较宽广的视野，以便让自家中路及时去偷袭。同时，辅助位还可以在恰当的时机开团 ②，控制整个比赛的节奏。事实上，辅助位辅助的不是 ADC 一个人，而是全队，他带动着全队的节奏。

虽然在游戏中起到了这么大的作用，但在观众面前，辅助位却是默默无闻的。观众看到的，都是直接对敌方输出伤害、大杀四方的选手。那观众什么时候会注意到辅助位呢？ADC 打不好的时候。ADC 发挥不了作用，观众会说，都是辅助位的问题。

所以，一个团队中总要有人做出牺牲，总要有人"背锅"。如果五个人都特别强势，都要当那个最显眼的角色，那这个队是没法打出战术的。

另外，游戏版本的改变会带来战术的变化，可能前一个版本要围绕中单来打，版本切换后就要围绕 ADC 来打。如果

---

① 指游戏中角色拥有的金钱，有固定起点、自然增长获得的金钱，也有通过助攻、击杀、推塔等获得的金钱。

② 在比赛中为了获得优势，召唤队友对敌方进行联合战斗。

选手觉得自己必须是绝对的核心，不管哪个版本都得围绕自己来打，那教练的战术就没法执行下去了。

《英雄联盟》是一个团体项目，选手不仅要明白荣誉是大家的，也要在行动上体现出来：**第一，与队友紧密配合，执行战术；第二，绝对不能在赛场上抱怨队友。**抱怨是一种非常不职业的行为，会给比赛带来灾难性的后果。

所以，俱乐部在搭建队伍、考虑上场人选时，不会一味选择最强的选手，而是会考虑这五个人是否"合适"，他们的沟通情况怎么样，他们能否相互体谅、密切配合。五个明星选手在一起未必能打出好成绩，而五个非顶尖选手如果配合完美，也可能成为冠军。

– RNG 弓于钧 –

虽然辅助位经常被戏称为"背锅侠"，一般不会站在全队的中心，但其实他对全队协同作战的意义非同小可。在这个位置上，有一位世界性的榜样，那就是韩国选手 MadLife，熟悉《英雄联盟》的人都称他为 M 神。

MadLife 之所以被称为"神"，除了因为他精妙的锤石操作，还因为他广阔的视野和细致入微的洞察。他总是监控着整座峡谷，一边为队友提供视野，一边观察整队运营是否健康，并在最恰当的时机及时发动团战。正是因为 MadLife，人们第一次开始相信辅助位这个不起眼的角色也可以带动整场比赛的节奏。MadLife 在役期间，他几乎是韩国每一位 ADC 梦寐以求的辅助位选手。北美第一 ADC 大师兄 Doublelift 甚至说："就算 MadLife 带个很菜的 ADC，也照样能打爆我。"

MadLife 天性十分低调，他对辅助位的理解影响了后来这个位置上的每一个人："我的位置就是站在阴影里。""别想让自己闪亮，让你的队友发光，你的任务就是做那些不起眼的工作。记住所有小细节，让你的队友有更多精力专注于战斗。""你需要为你的队伍牺牲，那样你的队友就可以更容易成功。"[18]

MadLife 心甘情愿的付出给他所在的战队带来了傲人的成绩。他让人们意识到，好的团队意识在 MOBA 游戏中是多么重要。他甚至让一些玩家开始迷信，辅助位的顶级选手必定有着以"M"打头的名字——韩国另外一个著名辅助位选手 Mata，以及中国顶尖辅助位选手 Meiko 和 Ming 的名字也都是以"M"开头。

Ming 看上去总是一副没心没肺、永不生气的样子，在大多数场合都挂着笑脸，笑嘻嘻地面对一切。[19]但其实他是 RNG 战队自 2016 年以来的第一辅助，正是他与 Uzi 的完美配合，成就了中国电竞的多个经典时刻。不仅如此，Ming 的情商极高，总能在队友情绪低落或者陷入绝境时，把大家的情绪引导至正常的轨道。

2017 年 LPL 春季总决赛中，Uzi 非常内疚地自责说，"这把我没打好，我发挥不了"，Ming 则安慰他说，"尽力了，没事没事，老哥们儿心态别崩，冷静冷静……"

2018 年季后赛 RNG 对 iG，3∶2 落后时，队友七嘴八舌地说话，非常慌乱，耳机里很吵，Ming 大声说："等基地爆了随便你们怎么搞，现在不行！"

Ming 不仅能给予 ADC 和其他队友极大的帮助，还有极强的开团能力，从而在事实上成了全队的灵魂。2021 年，RNG 战术发生改变，要求下路必须极其稳健，不能给敌方留下手的机会。Uzi 退役后，GALA 担任下路输出位 ADC，他风格稳重，但杀伤力不是特别突出，因而一直没有在 LPL 引起过多关注。但在 2021 年 MSI 上，GALA 却发挥神勇，拿下四杀。这个改变与 Ming 的辅助不无关系，也难怪有评论说"流水的 MVP[①]，铁打的小明"。[20]

RNG，这支在 2020 年陷入低谷的队伍[21]，在老将明星

---

① 指最有价值选手。

纷纷退役，不被所有人看好的情况下，依然能在第二年拿到冠军，并在世界级大赛上气势逼人，不得不说是团队完美配合的结果。

由此可见，占据世界电竞主流舞台的 MOBA 游戏，对选手的团队意识和配合程度有着多么高的要求。但是，刚刚进入俱乐部的玩家大多已经习惯了一个人打游戏，别说和队友紧密配合了，可能连一点团队意识都还没有。就像前面提到的体验营成员，虽然都是天梯排名靠前的玩家，但情绪不好时，仍然会反杀自己的队友。所以，新人进入俱乐部后，要下力气培养团队意识。

# 破冰：新人最大的"坎儿"

## 02

可能有人认为电竞选手每天闷头打游戏，性格都比较内向，不爱沟通，不善言辞。但实际上，职业电竞选手的一个必备素质就是与人沟通的能力。因为比赛时大家是一个整体，选手必须及时让队友知道自己这一路的情况，同时也要了解队友是否需要支援、是否需要开团等，而这些都必须在比赛中及时和队友沟通并快速达成共识。

《王者荣耀》作为手游，在机制设计和操作上比《英雄联盟》简单，但游戏中同样有三条线路、五个位置，也同样需要队员紧密配合。可以说，所有 MOBA 游戏对团队协作能力的要求都非常高。新人刚刚加入俱乐部时，团队协作确实会成为他们面临的最大的"坎儿"。

新选手一般只有十七八岁，年纪很小，大多没有集体生活的经验，更没有团队意识。而打手游的孩子往往比打端游的更加内向一些，因为打端游的人可能长时间在网吧练习，习惯了与别人面对面地交流，而打手游的人一般会整天一个人在家里玩游戏，几乎不与外界发生实际接触。

我之前一直打端游，做的也是端游教练。2017 年，我转到《王者荣耀》做教练，看到队员的情况时简直有点懵。因为这几个孩子打训练赛时竟然一句话都不说，五个人静悄悄地坐在那里，谁都不理谁。后来我了解到，他们是从天南地北过来，刚聚在一起，别说比赛时不说话，生活中也基本互不搭理。我就在想，是不是他们不习惯面对面交流？于是，再次打训练赛时，我就把他们分开，让他们一人一个房间，同时把微信语音都打开。结果，他们突然变得话特别多，有的还挺贫嘴。

这就是问题的关键。新选手面对面说不出话，想说也不知道怎么说，反而互相看不见的时候话特别多，什么都说。这其实是一个沟通障碍的问题。

所以，我除了对他们进行技战术训练，更重要的是想办法慢慢拉近他们的距离，一直到他们能彼此交心。赛场上，只有能彼此交心的团队，才能真正配合默契。

只让大家聊天是没用的，因为一开始大家根本聊不起来，即便是几个人坐在一起，我来找个话题也不行。比如我聊旅游，不感兴趣的人根本不会开口，而感兴趣的人也说不出话来。我的办法是找一个大家都喜欢玩的游戏，比如密室逃脱、狼人杀，这种现实中的闯关、推理游戏，打游戏的人也会喜欢。玩过一次以后，大家觉得有趣，就会玩第二次、第三次。一来二去，他们彼此熟悉了，也就逐渐习惯了在现实中表达自己的想法和感受，也就可以正常沟通了。

但这还远远不够。电子竞技是一项非常残酷的运动，选手身处的位置不同，视野也不同，在比赛的一些紧要关头，选手需要及时指出队友的危险处境，以及可能发生的问题乃至不足。对他们来说，当面用说话的方式直接指出对方的问题是一个更加巨大的挑战。他们总是会担心对方怎么想、会不会不开心等，各种顾虑让他们很难将问题说出口。

这个时候，我发现问题又回来了——他们能够通过网络指出队友的问题，面对面却不行。可比赛时大家是坐在一起的，不可能一人一个房间，看不见彼此。所以，我们就必须进一步打破他们的沟通障碍，让他们能够做到当面指出彼此的问题。

这是一个循序渐进的过程，选手需要通过日常相处逐渐改变。人与人如果兴趣一样，能玩到一起，三观也比较一致，时间长了就会成为交心的朋友。这个转变必须靠时间和朝夕相处来实现。

电竞是一项依赖整体协作的运动。对选手来说，个人技能取决于自己的天赋以及刻苦努力的程度，但如果团队意识和沟通能力不行，无法融入队伍，再强的个人技能也无法帮助团队赢得比赛。

－RNG 马超 －

电竞选手来自五湖四海，生活习惯和性格特点都有着很大的差异，同时，他们年纪很轻，比较叛逆，不太愿意跟着别人的想法走。因此，队内很容易出现矛盾，打架、相互排挤的情况也时有发生，甚至有队员会因为队内矛盾拒绝参赛。对此，俱乐部会如何面对呢？

# 默契：如何配合得天衣无缝

**03**

电竞选手每天都要花大量时间训练，你可能会认为他们是在练习个人技术，其实不止如此。能进入电竞战队的选手，个人水平已经相当高了，他们更主要的是在练习团队配合。

现在很多游戏都是团队游戏，一场比赛不可能靠一个人取得胜利。举个例子，如果要守一栋楼，我和几个队友一起可以打夹角枪线，队友之间可以相互补枪，队友还可以帮我吸引注意力，敌人基本上是进不来的。但如果我想自己守一栋楼，敌人是不会给我机会的。

我们每天 14 点到 17 点、19 点到 22 点，都会组织训练赛，参加 PEL 的 15 支队伍一起打，一起练，一起交流。这段时间，团队配合训练就是核心，其余时间则以练习个人操作技术为主。也就是说，每天至少有 6 个小时是大家一起练习团队配合。

**团队配合主要从沟通、协同以及同步几个方面来体现。**

一场团战开始前，我们会在队内提前商量好战术，然后用最高效的方式执行。比如，一个队友去吸引敌人的注意力，在敌人集火打他的时候，其他人去偷袭；或者大家商量好，在与敌方队伍相遇的第一时间一起出击，打败对面的两名突击手。简单来说，就是用最短的时间、最高效的配合、最合理的战术团灭对手，四个人像一个人一样。

想要让几个人做到神同步，不仅要进行协同训练，还要在平时的生活中培养默契，甚至要住在一起。当选手能在现实生活中和睦相处时，默契就会在游戏上体现出来。他们只有在平时了解队友的习惯、意识，才能更高效地了解队友在游戏中的习惯、意识，才能更好地吸收、理解教练传达给他们的东西。

当然，这种日常生活中的良好关系仅靠选手自己培养是不够的，俱乐部管理者也要提供帮助。如果俱乐部在选手关系的问题上不够敏感，可能会导致非常严重的后果。

比如，某个俱乐部就出现过选手因与队友闹矛盾而拒绝参加第二天比赛的事情。当时俱乐部出面劝说，还承诺只要参赛，无论输赢，都会给他提供 50 万元的奖金，但这名选手还是没来，导致俱乐部失去了在后面一系列比赛中的参赛资格。也曾经有队伍已经拿到了很高的名次，但一个主力队员因团队的其他事务而减少了训练时间，操作能力没有取得突破，导致队伍的一些战术打法无法实现，进而受到团队中其他成员的排挤，最后他直接离队了。在这个过程中，选手之间不懂得怎么沟通，俱乐部的经理和领队也没有第一时间进行调解，于是负面情绪扩散，训练和比赛也就基本拉闸了。

俱乐部管理者应该详细了解每个选手的个性，并帮助选手相互了解。比如，哪些选手喜欢听哪些话，喜欢说哪些话，哪些选手不喜欢听哪些话，不喜欢说哪些话，都要了解。俱乐部要帮助选手们找到一个平衡点。

比如 2018 年亚运会表演赛，选手来自不同的俱乐部，之前没怎么合作过。某位选手在队里非常资深，很强势，在亚运会期间也觉得大家是工作关系，都应该拼命，于是不太讲究沟通方式，训练时会直接指出队友的一些问题。比如，他会说，"你这波不应该……，你应该……"。但是，其他人根本不会听他的，反而不管他说得是对还是错，都会直接反驳。争执很快就出现了。后来，在教练的提醒下，这位选手调整了说话方式，比如会说"你觉得这种情况下，这样打是不是好一点儿"，语气也改变了一些。果然，情况就好转了很多。

队员之间的关系会直接影响比赛中的团队配合，因此，俱乐部会对选手进行正面引导，告诉他们配合的重要性。团队刚建立起来时，这样的心理建设频率会很高，可能一周一两次。队伍成立时间久了以后，大家相互比较了解了，这样的心理建设频率就会降低，可能每个月一两次。如果有新加入的队员，管理者也会先了解他，再帮助他更快地融入队伍，让其他队友接纳他。

日常生活和训练中，选手每天都在一起，他们共同成长，经常谈心，最终会达到高度默契的状态。如果比赛中出现小摩擦，队员们当场就会解决，力争配合得天衣无缝。

— 西门风 —

# ◎个人技能提升

　　职业选手会把大量的精力花在协作训练上，但个人技能也必须同步精进。职业选手的个人技能除了特定位置上的对线、走位、补刀、压抢等能力，还包括比赛时临场抓机会的能力、对小细节的挖掘能力、大战术的创造能力、比赛视野等方面，这些都需要选手在平时不断积累提高。

# 目标：没有目标的训练不叫训练

**04**

游戏谁都会玩，其中的乐趣在于休闲放松或者交朋友。但是，如果你只是玩，不学习，不反思，可能长时间都会处于同一水平，没法很好地提高。一个选手如果始终抱着玩的心态进行训练，哪怕天赋再高，个人技术再强，他后续的道路也不会长久。随便玩一玩和有目的地提高之间有很大的差距。电竞选手的训练跟上学学习一样，需要思考可以用哪些方法提高自己的水平，是一种刻意的练习。

**电竞选手要有目标地完成每日的训练任务，而且这个目标要有一定的挑战性。**以《王者荣耀》的训练为例，在训练开始前，团队会制订一个战术，今天就练这种战术。假设你把妲己和王昭君（都是中路常用英雄）玩得很厉害，大家可以围绕着你去打，今天整个团队可能就专门练习以中路为核心的打法。但由于存在对手、战局等不确定性因素，这种打法的弹性和变化很大，队友们很多时候是靠感觉来打的，这就要求你个人有明确的训练目标。比如，如果你的节奏把握得不好，经常在打完团战之后不知道该干什么，那你是不是该去推塔呢？这样，在训练的时候就会刻意强化这个点。

　　但是，有些选手在平时练习时很敷衍，就像完成流水线工作一样，为了训练而训练，莫名其妙地打一天。这种没有目的的训练，无论练多久，作用都不大。对一名选手来说，不管训练几个小时，一定要清楚自己在这段时间主要练什么，收获又在哪里。

－Sky RocketBoy 老帅－

# 专注：让自己完全沉浸其中

**05**

电竞选手每天都要进行长时间的训练，但训练时间长并不意味着有效果。

一项有关长跑运动员的研究发现，业余运动员往往通过想更加愉快的话题让自己的思维从跑步的痛苦与紧张中转移出去，杰出的长跑运动员则会专注于跑步本身，在整个比赛中保持最佳的步伐。在另外一些不太需要力量和耐力的领域或行业，比如智力活动、音乐表演、艺术创作等，如果不专注，练习就根本没有效果。

电竞选手的训练也是同样的，如果训练的时候走神，训练时间再长，可能也不会让你获得进步。

我自己在训练时能明显感觉到，注意力的集中程度可以分为两种状态。一种是感觉不到时间的流逝。我经常大清早一屁股坐在电脑前，再起来时都该吃晚饭了。另一种是感觉大脑和手已经完全分离，就像两个人在控制它们一样。我的大脑在想下一步该怎么走，下一个物品什么时候刷新，对手可能出现在什么位置，同时我的手在快速移动、操作，并会将准星指向某个地方做预先瞄准。

在 2001 年到 2004 年之间，我甚至还有过第三种状态。因为《雷神之锤》的对抗节奏非常快，我在最专注于训练或者比赛的时候会达到失去触觉的程度。如果有人在旁边碰我一下，我是完全感觉不到的。这有点像《黑客帝国》里人被脑后插管，整个人和屏幕前的内容融合在了一起。

这样的专注已经融入我的血液里了。一直到现在，我做所有事都很专注。而要做到这种专注，没有什么具体的、可复制的方法，因为存在着个体差异。但是，你可以通过是否达到忘记时间、手脑分离的状态等，来判断自己训练或者实战的专注度。

-RocketBoy-

加拿大卡尔加里大学（University of Calgary）的琼·维克斯（Joan Vickers）教授通过对高尔夫球手的研究发现，水平越高的球员，在击球前和击球时对球注视得越久且越沉稳。相比之下，新手的注意力往往会转移到场内的其他区域，每次盯着球看的时间也更短。之后的研究也证明，无论是篮球、排球还是射箭等运动，高手在关键时刻前凝视的平均时间比新手要长 62%。也就是说，真正的运动高手在关键时刻会放慢思考。她由此提出了"静眼"（Quiet Eye）这一使人在高压下也能保持专注的心理机制，这是一种在视觉感知上的增强现象，能让运动员在下一步动作前排除干扰。

英国埃克塞特大学（University of Exeter）的萨姆·瓦因（Sam Vine）教授曾说："人体运动系统接收视觉信息时，会有一个稍纵即逝的窗口期。优秀的运动员能找到办法优化这个窗口期，并让它持续的时间更长，这样有利于他们把动作做得更精准。"

"静眼"也可以通过训练习得。维克斯曾为一支大学篮球队连上眼球追踪设备，让球员们在做罚球练习时有意识地练习凝视。结果在之后的两个赛季中，这支篮球队的整体成绩提高了 22%，在第二个赛季结束时，球队的命中率甚至超过了 NBA 的平均水平。[22] 电竞选手在训练的过程中，也可以有意识地对此进行训练。

# 重复：把经验变成自然反应

## 06

　　电竞选手每天都要进行长时间的练习——同一个英雄玩无数次，同一套阵容用无数次，同样的对手打无数次……这样的重复练习是为了什么呢？你也许会认为是为了保持状态，因为"只有不停奔跑，才能留在原地"。其实更重要的是，选手要把这些动作变成一种习惯，变成一种自然的反应。

　　比赛中更多的是瞬时的博弈。比如，我们两个人对抗，我放 4 个技能，一共需要 2 秒钟。在这 2 秒钟里，我要用什么样的连招，要往哪边走一下，要先放哪个招、后放哪个招，该进攻还是后退，进攻的话怎么打……这些都要在一瞬间完成，压根儿没法进行计算，只能靠平时的经验积累来快速做出决定。所以，一定要把这些动作变成一种自然的反应。

　　这跟体育运动是一样的，比如攀岩。我在《刻意练习》这本书上看到："经验丰富的攀岩者已经对把手形成了心理表征，这使得他们无须有意识地思考，便知道看到的是哪一种把手，需要采用哪一类抓握方法……有经验的攀岩者看到某个特定的把手时，大脑会给双手发送一个信号，让他们做好相应抓握的准备，同样无须有意识地思考。"没有经验的攀岩者则相反。另外，"经验丰富的攀岩者使用心理表征来自动分析把手的能力，使他们能更快地攀岩，而且掉落的概率也更低"。这也是职业选手需要每天进行单调、密集、高强度训练的原因。

– 老帅 –

重复练习不仅是一种训练方法，更是一种职业态度。1994年出生的老帅是KPL的第一批选手，自2016年入行后多次拿到各类比赛的冠军，2020年宣布退役。与其他选手相比，老帅入行时已不算年轻。他之所以能在一群十几岁的孩子中保持良好的竞技状态，与他大量的重复练习不无关系。

他在一次采访中说："年轻人熟悉一个英雄的打法非常快，什么时候先手（率先发起攻击），什么时候反手（反击），什么时候收割（进场收人头），一般打五把就掌握了，但是我年纪大了，我要打五十把才行。"

和老帅同一代的《王者荣耀》选手零度有一次透露，老帅的刻苦程度让他感到震惊。每天十几个小时的训练后，别人都睡觉了，老帅还在反复练习，努力程度完全可以在KPL联盟中排第一。

正是凭借高强度的重复训练，老帅才在职业生涯的最后几年依然保持了比赛中的瞬时反应速度。

但是，并非所有难关都可以通过反复训练来攻克，有时候，选手还要懂得如何借力。

# 难关：多向他人求助

## 07

遇到难关，除了自己埋头苦干，还可以多和他人沟通或多向他人求助。

**首先，说不定有些人已经突破了你遇到的瓶颈，可以直接为你提供解决方法。**我就曾经通过向队友请教突破了瓶颈。《和平精英》这个游戏每次版本更新，我们都要尝试新的灵敏度。在一次更新后，我发现队友压枪特别准，我则差了许多。我就想，是我的灵敏度有问题吗？询问队友之后，我直接复制了他们的灵敏度，发现非常适合这个版本，于是我压枪也更准了。

**其次，渡过难关最好的办法是从别的方向寻找突破口。**比如，在个人意识、团队配合、队内沟通等各个方面进行调试，尝试突破。

但具体要调试的是哪个方面呢？在你不知道努力的方向时，队里有很多你可以求助的对象，比如领队、教练、经理、数据分析师、队友，等等。想要补差、超越，你就得多向他们，尤其是向教练组讲讲自己的问题。有一段时间，我不知道自己为什么那么容易被淘汰。教练组花了很多时间跟我沟通，了解我的情况，帮助我度过了那个时期。

教练组会对你的数据进行分析，帮助你找到突破难关的方式，帮你想清楚到底是你的团队配合能力需要加强，还是队内沟通需要改进，又或者是有其他原因。此外，他们还会考虑你个人技战术上的特点，细化你的枪法、射击姿势、身法，将它们一层一层分解出来，为你制订个人专项训练计划，帮助你渡过难关。

— 西门风 —

在一家成熟的电竞职业俱乐部中，《英雄联盟》的教练组通常有如下分工。

战队经理：除了管理队员的日常起居和队内关系，让团队维持良好的氛围，还要安排选手的日常作息和赛程后勤；更重要的是，他也要负责搭建班子，游说俱乐部选中的教练或教练选中的选手加入俱乐部。

主教练：负责队伍的整体表现，为队伍的技战术方向和未来发展制订总纲。当队伍成功时，他会收到最多的赞美，当队伍失败或者表现没有达到预期时，他也需要承担最大的责任。

战术教练：负责监督选手训练，通过分析游戏机制和不同选手的特点，为选手和全队制订提升方案。战术教练需要对游戏有完整、清晰、深入的理解，通常由退役的高水平职业选手担任。

数据分析师：负责记录和分析每一场比赛的大小数据，无论是对战双方的 BP 情况、擅长使用的英雄，还是双方选手的习惯和小动作等，都要一一记录，并运用统计方法得出规律性结论。高水平的数据分析师通常来自数学相关专业，能够为战队管理、优化数据库，并搭建数据模型。

所以，如果遇到了难关，可以充分寻求教练组的帮助，他们会根据你的个人特点引导你进行更多尝试和改变。

# 尝试：勇于改变和试错
## 08

在游戏里，就算是同一个英雄，不同选手玩起来也会有不同的风格。有的人打法很凶，有的人注重细节，有的人侧重全局。我做职业选手的时候也有自己的固定风格，那就是谨慎保守。不过，有自己的风格虽然好，但如果一味坚持，也可能会成为进步的阻碍。

通常情况下，只有判断成功率在 90% 以上时，我才会出手，但在玩某种类型的英雄时，必须敢打敢拼。我经常清完中路的兵线想去抓边路，但因为害怕对面有敌人来就走了。这会导致我错失很多机会。于是教练对我说："你别想那么多，死就死了。"他还规定我每局必须死多少次。我也强迫自己改变思路，因为只有做出新的尝试，才能积累新的经验，获得更大的进步。

如果我每次都顾虑重重，止步不前，那就积累不到足够的经验。比如，这波应该主动出击，但是我没上，那我就不知道前面会是什么样子的，就永远不知道该怎么应对，下次碰到同样的情况还是不知道该怎么办。只有敢去尝试，才知道尝试过后是对还是错。

我的风格是过于保守，也有些选手的风格是大胆突进，每个人都不一样。无论你原有的风格是什么样的，都要尽量尝试不同的打法，因为只有这样才能积累更多的经验。

– 老帅 –

老帅自认为谨慎保守，并因此尝试变化打法，但他并没有改变自己一贯的风格。事实上，老帅的稳健始终如一，他坚持以胜利为目标，而不是"秀"得漂亮和痛快。虽然有网友认为他的风格有些怂，但他却因为这个"怂"字成了"KDA[①]之王"，并一度被称作"《王者荣耀》国服第一中单"。

所以，在不变中让自己改变，在改变中坚持自己，正是一个职业选手要拿捏的分寸。

---

① KDA 是根据 K（kill，击杀）、D（death，死亡）、A（assist，助攻）的数量，按照一定的公式计算得出的一个数值。该公式为 KDA=（K+A）/ D，即 KDA=（杀人数 + 助攻数）/ 死亡数。杀人数和助攻数越多，死亡数越少，KDA 就越高。KDA 越高，表示选手表现越出众。

# 适应：紧跟游戏变化
## 09

传统体育项目的规则可能百年不变，但电子游戏是动态的，其中存在的变数比传统体育项目多得多。

**首先，游戏的版本一直在变，慢则两三个月，快则一星期，游戏的数值、英雄、地图就会有比较大的变动**。比如，新出了某个英雄或者地图，某个"老"英雄的数值就会被修改。这些变动对职业选手的影响非常大。

电竞圈里有"一代版本一代神"的说法，因为一个数值的改动，就可能决定了选手拿手的英雄不再是下一个版本的强势英雄。有的选手因为打某个英雄成名，但版本变化后，这个英雄就不再适合上场了。这时，选手如果不愿意适应新版本，不愿意去练习其他英雄，就大概率会坐冷板凳。运气好的话，版本再次改变，他擅长的英雄又变得强势了，他会有重新上场的机会；否则，无论曾经多么风光，他都会被淘汰。

除了新英雄，选手要适应的还有很多：英雄的装备改了，你要适应新的出装；英雄的技能改了，你要适应新的玩法；地图改了，团队 5 个人要一起配合打新的战术——中路厉害就围绕中路打，下路厉害就围绕下路打，逻辑是不一样的。总之，选手要不断刷新自己的认知，不断在变化中摸索最适合自己的、最厉害的打法。

**其次，有些电竞项目可选的英雄很多，战术也很多，这个英雄克那个英雄，这套阵容克那套阵容。**一场比赛的博弈，在选英雄的阶段就开始了：我如何选到我想打的阵容，我是否了解对方阵容的优势，如果某个英雄是对方的核心，我是不是就要把它 ban 掉……

而且，同一套战术会有不同的英雄适用。每个人都需要练习不同的英雄、不同的打法、不同的搭配，来满足队伍在不同情况下的需求。如果某种战术比较厉害，就要针对它的特点和特性多布置一些英雄的配置。针对不同的对手，则要准备不同的战术。让自己的队伍更多元化，可以应对不同的情况，也可以有足够的底气。

**最后，赛制改变对选手的影响也很大。**KPL 的赛制就发生过很大的调整。过去没有规定使用过的英雄不能再用，但在 2018 年年底，规则调整为，在 BO7[①] 前六局比赛中，己方

---

[①]　Best Of 7，七局四胜制。对应的还有 BO3 和 BO5，分别指三局两胜制和五局三胜制。

使用过的英雄，不能再次使用（对方不受影响）。在这种情况下，一个选手如果只有几个英雄玩得厉害，就很可能无法达到上场要求。

选手需要不断补齐自己位置上的所有英雄，把自己路线上的所有英雄都玩到极致。这不仅包括对英雄本身技能的使用，还要知道这个英雄碰到不同的对手时，自己应该装备什么。同时，还要尽量多地制订可行战术，以保证不管出现什么局面，都有相应的战术应对。

要知道，在这一行，不是签了俱乐部成为职业选手就能安枕无忧的。《王者荣耀》每个赛季的淘汰率能达到30%～40%，KPL第一赛季的选手目前还在选手名单上的，已经不到10个了。每年都有很多选手被淘汰，其中很重要的一个原因就在于他们不去适应种种变化。

只有乐于改变，积极适应新的版本，无时无刻不在学习，一个选手才能走得长远。

－老帅 Sky－

# ◎ 比赛心经

　　电竞选手所有的训练和付出都是为了在比赛中闪光。一场职业联赛的现场观众从几千人到几万人不等，而观看直播的人数更加庞大，可以达到上亿人次。在众目睽睽之下，选手想要打出以往的水平，准确应对各种突发情况，其实并不是一件简单的事。那么，在比赛时，他们有什么心经呢？

# 决胜因素：四个方面缺一不可

**10**

在一款游戏刚刚被开发出来的前一两年，想要赢得比赛，拼的主要是个人技术水平。即便在今天，选手的个人技术依然是一个队伍变强的基础。

电竞选手遇到个人技术难关，往往是因为对敌方不了解。如果你了解对方的实力，无论他是弱是强，心里都会有底，心态就不会有太大的波动。要想解决这个问题，没有捷径，就是多练习。练习越多，你就会遇到越多想象不到的复杂情况，才会准备好相应的策略和战术。

事实上，人们通常说的"对游戏的理解"和练得够不够有直接关系。训练量大，你自然会发现游戏中隐藏着许多不为人知的机制，从而不断找到新的思路。选手边打边思考，有一天就会突然明白造成某种结果的原因。

所以说，比赛前一定要让自己练够，让自己拥有足够强的操作能力、足够多的打法和套路。这样，即便对手很强，你也可以和他较量一番，不至于被秒杀。

但是，光有过硬的个人技术并不能左右比赛结果。事实上，随着游戏发展得越来越成熟，选手的个人技术对比赛输赢的决定性影响是在降低的。

**电竞比赛的胜负主要由四个因素决定：战略战术、个人技术水平、团队配合、临场发挥。**

如果团队战术巧妙，选手个人水平很高，队伍的配合十分默契，可是在比赛前一天晚上选手没睡好觉，上赛场就像梦游，那肯定打不好。如果你现场发挥得很好，超出平时的水平，你对游戏的理解也很到位，与团队的配合也不错，但你打得就是菜，就像是在用脚玩一样，那也不行。这四个因素，哪个出问题都可能会导致一局比赛失利。

其实，职业玩家的个人水平已经没有太大的差距了。这就像下棋一样，规则大家都懂，棋谱大家都知道，技术也不会差太远，真正拼的是战术和发挥，而游戏还多了团队配合。

在这四点中，每个队伍的侧重点有所不同，大家会挑适合自己的重点去练习和努力。

－老帅－

# 知己知彼：学会换位思考

**11**

电竞比赛中经常会留下很多精彩的瞬间，比如逆风翻盘，这往往是由某个选手在某个时刻做出的决定成就的。那么，这种决定是怎么做出来的呢？纯靠运气吗？未必。更多时候，选手是靠长时间的练习以及不断探索和不断积累经验，才在实战的关键时刻做出了对的选择。

你可能会觉得这种说法太"虚"了，关于该怎么练、怎么动脑筋，还是不清楚。我自己会用一种方法锻炼这种决策能力，那就是在看录像的时候把自己代入对方的角色。

最好是找发挥好的、在团队里贡献比较大的选手的录像看。看的过程中，我会把自己代入那个选手的行为，在脑海中思考如果我是他，面对同样的对手、战况，下一步我会干什么。与此同时，观察画面上他的决策。这样就会出现比较直观的行动上的区别，我也可以更好地思考他做决策时的逻辑是什么，为什么我和他的做法不一样，我们俩的区别是什么。

坚持用这种方法总结经验，不仅能开阔思路，提高自身水平，还能帮助自己在赛场上知己知彼，反推对手思维。

反推对手思维会给你带来意想不到的帮助。比如，你能想到他在这个时候可能会以一种什么样的身法出来打你，而你这一枪或这个流弹、炮弹应该瞄准什么位置。这种推想帮助我在《雷神之锤 3》上赢得了一场比赛。

虽然已经过了 20 年，但我依然记得那场比赛。那是 2001 年 WCG 的预选赛，赛制是 BO3 的单败淘汰赛，输了就与后面的比赛无缘了。一开始，我就跟当时这个项目的顶尖高手 CHJ 相遇了。我们共同的朋友站在后边看这场比赛时，一句话都不敢说，甚至不太敢看比赛，因为压力实在太大了。

前两局我们各拿一分。在决胜局的最后，我估计他会以反向思维作战，也就是说他本应去 A 点，但考虑到我会去 A 点堵他，就绕一圈到了 B 点，而我早已在 B 点"守株待兔"，见他过来正中下怀。就这样，我获得了最后的胜利。

我预判了你的预判，推理了你的意图，那我便可以将计就计，杀你个措手不及。

—RocketBoy—

换位思考在英雄联盟比赛的 BP 环节尤为重要。在 Ban 阶段，蓝方首先 ban 人，然后是紫方，双方交替进行，每队最多只能 ban 3 个英雄，当然，也可以选择不 ban。而在 Pick 阶段，蓝方首先开始选人，和紫方交替选完各自的 5 个英雄。

从表面上看，BP环节只是限制和挑选的过程，但其实它真正的作用是搭建己方优势、破坏敌方优势。

如果对方有一名选手对某个英雄特别擅长，拿到后将会对己方产生巨大威胁，那么这个英雄必定要ban掉；如果对方有一套非常完整的战术体系，而某个英雄是这个战术的核心，那么这个英雄也必须ban掉；如果对方有个选手擅长的英雄数量很少，有明显的短板，那么ban掉这个选手擅长的所有英雄就等于让对方损失了一名选手。

进入Pick阶段，蓝方依然可以优先选择，未被ban掉的Top1英雄自然是其首选；紫方则一定要拿到能与蓝方已选英雄搭配到一起的角色，避免蓝方形成优势搭配。比如，ADC和辅助位的卡莉斯塔和牛头酋长，一旦搭配起来就会形成明显优势。同样，蓝方第二轮选英雄时也会有类似的思路。

所以，战队在BP环节必须做到知己知彼，并利用换位思考破坏对方的优势。可以说，这是双方在战术思维、游戏意识和对彼此了解程度上的综合博弈。BP环节一般都会由战队主教练在现场进行指导，出色的BP能够让战队占得先机。

但这只是比赛开始的第一步，接下来，选手要面对赛场上接二连三的突发状况。

# 赛场运气：好运是练出来的

## 12

有学者拜访了各式博彩销售店和实验室，拜访了许多痴迷于足球的科学家，研究了近百年来成千上万场欧洲联赛和欧洲足球锦标赛以及 1938 年以来的世界杯，最终得出结论：足球的胜利一半靠运气，一半靠实力。[23]

运气在电竞比赛中似乎也有一定的作用。

**比赛中的第一种运气是来自游戏本身的随机设计。**以《和平精英》为例，大家普遍认为，要想在这款游戏中赢得胜利，运气所起的作用较其他游戏大很多。它有一个刷圈机制，也就是在一局比赛里，系统会刷新 8 次信号圈，而且范围会逐渐缩小。如果玩家不在信号圈内，血量就会逐渐减少；而圈数越大，血量减少的速度越快。这使得选手中有一种说法：进入圈的前 5 个阶段靠实力，而进入决赛圈（即第 6 阶段）靠运气。因为第 6 阶段的信号圈已经缩得非常小了，选手能站的位置没那么多。如果选手本身在一个很好的位置，下次刷圈刚好位于圈内，那他就拥有了地形优势，占据了收割位。

但这真的只是运气吗？为什么有些选手能站到圈里，你却做不到呢？说到底，这还是实力的一种体现。因为只要你认真研究，就会发现信号圈的刷新也是有规律可循的。比如，空投落在哪儿，圈就会刷在哪儿。这种运气其实是对游戏机制的掌握。

**比赛中的另一种运气是你能否把平时最稳定、最自信的状态发挥出来。**有些人突然失误，或者没发挥出应有的水平，会怪自己运气不好。其实，这种运气 99% 取决于你的心态。

比赛前，选手会觉得，无论准备多少都没有准备够，会紧张，会心情忐忑。上场后，选手也会不断暗示自己，平时训练赛怎么打，比赛就怎么打，别紧张，平常心对待。但怎么才能做到平常心呢？不是你一个劲儿地这么告诉自己就能做到的。除了提高自身的心理素质，最好的方法就是在比赛前不停地苦练，把自己的水平练到足够高。

实力强、心态稳定，肯定能发挥出百分之百的实力；实力强、心态不稳定，可以发挥出百分之七八十的实力，剩下的百分之二三十就要在现场想办法解决。

所以，也许比赛本身的确有一些偶然性，但这不是我们能预料和控制的。作为职业选手，你要相信，**没有所谓的"运气"，一切都在于平时的训练。**

－西门风　Sky－

面对比赛，选手普遍都会非常紧张，有的甚至会手抖到无法准确点击鼠标。Sky 的调节方式是赛前不吃东西，多喝水，让自己的大脑足够清醒，然后在临上场前深呼吸，告诉自己放轻松。Uzi 缓解比赛压力的方式是嚼口香糖，他说自己比赛时心跳得很快，心跳快就容易紧张，吃口香糖可以缓解这种紧张感。《星际争霸》的巨星级选手 Flash 每次比赛前必定会拿出自带的尺子——这个尺子被粉丝称为"量天尺"——测量键盘和显示器的距离，直到调整为自己最习惯的距离，才能够安心开始比赛。

这些小习惯会在心理层面缓解选手的压力，帮助他们发挥出正常水平。但是，随着职业比赛的发展，缓解心理压力已经不再只是选手自己的事情了，俱乐部也会用更专业的方法帮他们调整心态。

2019 年，OG 战队在 DOTA2 TI9（第九届 DOTA2 国际邀请赛）中夺冠。有人问该队的心理咨询师米娅·斯泰尔伯格（Mia Stellberg），OG 选手是如何做到在处于下风、几百万美元可能就要打水漂时仍然打得很放松，很冷静的，她回答说："问题的关键，OG 不是为了资金来打比赛的。对刀塔的爱是他们的动力，有时候合适的目标会给你更多的自由，能让你没那么有压力，去享受比赛。秘诀就是享受比赛、脑洞大开、充满自信、抛开包袱。"[24]

下面，我们来看看在比赛中保持冷静的心态，最终反败为胜的经典案例。

# 永不言败：将斗志保持到最后一刻

**13**

2004 年，23 岁的日本电竞选手梅原大吾在比赛中反败为胜，一战封神。

《街头霸王 3》曾是美国和日本最热门的格斗游戏之一。2004 年，《街头霸王 3》加入了全新的 Blocking 系统，玩家可以在被对方命中的一瞬间推动摇杆，挡住这次攻击并且不损血。但这项操作对玩家的反应速度和对招式的熟悉程度都有极高的要求，一般人很难用到。

同样是在这一年，EVO 大赛 ① 举行，梅原大吾在《街头霸王 3》项目中一路过关斩将，半决赛时遇到了全美冠军贾斯汀·王（Justin Wong）。比赛开局，贾斯汀占据上风，一通华丽的连招将梅原大吾打得几乎空血。在这种情况下，任何普通攻击都会让梅原大吾输掉这场比赛。

大部分观众都认为梅原大吾已经没有胜算了，坐占主场优势的贾斯汀已经迎来了观众的喝彩。这时，贾斯汀使出了

---

① 北美格斗游戏比赛，全世界最大规模的格斗游戏赛事。

招牌必杀技"凤翼扇",准备尽快结束比赛。但让所有人没想到的是,梅原大吾竟然在空血的情况下,5 秒之内连续 15 次使用 Blocking,将贾斯汀击倒在地,逆天翻盘。

现场沸腾了,这是电竞史上值得纪念的经典一幕,标志着一个格斗类电竞职业选手所能达到的极限。许多电竞爱好者至今回忆起当时的场景仍然津津乐道。

"凤翼扇"是一连串致命攻击,角色在快速前冲后会连续放两个百烈脚,每个七下,再一脚把对方踢到天上进行追打。理论上,这个必杀技是可以被 Blocking 的,但现实中几乎没有人能做到,因为这一连串动作太快了,想使用 Blocking,玩家必须熟悉其中每一个动作的起始时间,并且在 0.116 秒内启动 Blocking。

实际的难度远不止于此。假如贾斯汀最后一脚上踢落空,梅原大吾即使马上启动 Blocking,也很难一下打死三分之一血量的贾斯汀,相当于这一招两个人都没占到便宜,比赛又回到贾斯汀占优的局面。要想百分之百地一次性击倒对手,梅原大吾就要使用空中 Blocking,也就是主动跳起,接下贾斯汀最后一个上踢,再从空中展开反击。这个逆天翻盘的动作虽然只有一瞬间,却综合了判断、把握时机、手眼配合等一系列动作。

梅原大吾因为这一经典操作赢得了电竞爱好者的尊敬，他在陷入绝境时没有放弃，而是冷静地发出致命一击，把斗志保持到了最后一刻。

胜败是电竞比赛的常事。当形势不乐观，甚至陷入绝境时，要有能力调整情绪，将心态清零，集中精力做好眼下的操作。只有这样，才有可能发挥出自己的正常水平，甚至反败为胜。

– 西门风 –

从 16 岁到 37 岁，梅原大吾一直在《街头霸王》项目中保持着世界排名第一的好成绩，这样长的职业生涯堪称奇迹。他曾在自传《持续胜利的意志》中写道："我之所以能把自信保持到比赛的最后，并不是因为我的才能有多高，事实上，我丝毫都没觉得自己有'才能'，胜利完全都是我用努力换回来的。对手如果玩 10 小时，我就玩 30 小时；对手若投入 100 小时，那么我就投入 300 小时。我的自信在于我在以任谁都无法比拟的程度努力着。"

赛场上的自信来源于平时的刻苦练习，但有时候，故事要更为跌宕曲折。

PDD 曾在一次采访中说："2013 英雄联盟全明星赛给了

我人生中最大的一个打击。那场比赛之前，所有观众，包括我爸妈、朋友、同学和粉丝都认为我是无敌的，他们都对我抱有很大的信心。但是，那场比赛，我被 TheShy 打烂了。

"一个人，最可怕的不是你被击败，而是当你站在顶峰，在你最意气风发、最耀眼的时候，突然有人把灯关了，你变成了一团黑。你跌落谷底，你被击下了神坛，所有人开始骂你，质疑你，觉得你菜。我很长一段时间都没有从这件事情里走出来，我不知道怎样去面对别人，怎样去面对那些曾经相信我的人。

"我在职业道路上付出了这么多年，我在这里经营了这么多年，我在这里努力了这么多年，难道就因为一次失败，这一切就结束了吗？我就葬在这里了吗？我真的问过自己这样的问题。

"我告诉自己需要振作，需要复仇，我要向所有人证明我并不是真的失败了。我开始重新训练，夜以继日。几个月后，在新加坡，我和四个朝夕相处的兄弟再次与 TheShy 交手，那是一次痛快淋漓的复仇。一个人，你到了顶峰，再跌入谷底，你还能爬起来，你还能继续往前，这对你的人生来说意义非凡。"[25]

作为一名电竞选手，你可能会一战成名，身价飞涨；可能无功无过，只是队里普通的一员；可能默默无闻，在冷板凳上度过一年又一年；也可能攀上顶峰，然后跌落谷底。但无论是哪种情况，你都要找到自信，积极应对，冷静分析自己的不足，并看到前方的可能性。

# 综合复盘：总结得失，发现新绝招

## 14

游戏是讲逻辑的，无论是击杀、获胜，还是被杀、输了，都有它的逻辑。训练或者比赛之后，我们都要基于这个逻辑及时复盘，分析自己以及对手赢或者输的原因，并通过学习别人的打法，解决自己存在的问题。

2017 年 KPL 常规赛中，我们队的成绩很好，但在与 QGhappy 战队的对战中，我们连输两场，几乎没有什么还手的能力。我一开始无法理解他们究竟强在哪里，于是两天没去参加训练，把自己关在一个屋子里复盘比赛的全部过程。

在分析完比赛的每一个细节后，我惊讶地发现，他们与其他队确实不同，不仅有战术、有逻辑，还拥有自己整体的规划和理解——队伍的阵容、拿资源的策略等形成了一套体系。而我们队根本没有如此成熟的思路，就是上路去上路，下路去下路，没有什么战术。我们没有像他们那样想得那么透彻，也没有像他们那样将战术执行得那么细致。

为了解决这个问题，大家跟教练一起研究和探讨，学习对方的同时，也寻找一些适合我们的打法。虽然这个过程很艰辛，但却是解决问题的必经之路。

- 老帅 -

　　战队不仅要针对队伍的整体策略进行复盘，也要对一些细节技巧及时总结。复盘的意义非同小可，Sky 在比赛前会翻看自己的笔记本，那上面全部是他平时复盘的记录——自己为什么输，输在什么地方。复盘是一种思维方式，需要你耐下心，做到无时无刻不在总结反思。

　　游戏有自己的一套规则，像刷奥数题、下象棋一样，每个系统都有自己的逻辑，复盘的时候也要基于这个游戏规则，多思考输赢的原因。比如，这波对局中使用一种连招伤了这个英雄，那我用同样的方法打不同的英雄，是不是会起到不同的作用？做这样的思考和分析，大体上有两种出发点。

　　**一种是你无意间做出一个举动，但是效果很好**。这时，你就可以去验证这样的打法是不是真的正确。比如，《王者荣耀》中的一个刺客，面对没有控制技能的对手时，可以用一二三技能连招杀掉对方。那么，你就可以试着验证这个连招是否可以始终达到杀掉对手的效果。

　　**另一种是做出一个举动，但是受到了对手限制**。比如，同一个刺客，面对一个有控制技能的对手，一二技能放完，三技能还没按，对手就把你秒杀了。这时你就要记住，碰到这种有控制技能的对手，这个刺客这样出招是不对的。再比如，对面有一个周瑜，你在野区，想去切他，但他放了几团火把你的路都封死了，你向左边走也不是，向右边走也不是。这时，你毫无办法，就死在中间了。由此你就可以总结出这样一个经验：这个英雄（周瑜）的技能在这个地方很厉害，下次要避免和他狭路相逢。

人体是有极限的，练久了，电竞选手在技术上可能会碰到天花板。但是，人最强大的地方不是胳膊肘，而是天灵盖下面那不到两公斤重的大脑。动脑和不动脑的选手会拉开明显的差距。没有人能告诉你怎么下棋才会赢，你要自己不断地玩，不断地摸索，思考清楚，动脑总结：这个东西这样打效率会高，我觉得这个东西是对的，我要贯彻下去。

电子竞技是脑力竞赛，选手不仅要在训练和比赛时多思考，比赛结束后更要把问题想透、分析透。

–RocketBoy–

# ◎突破瓶颈

一些选手在入行时可能会认为，对游戏的热爱能支撑自己应对往后的任何困难，无论是遇到强敌，还是面对失败，甚至是在看不到回报时，自己都能"用爱发电"。但随着时间的推移，他们会慢慢发现，"热爱"并非一成不变的。在遇到这样的瓶颈时，应该怎么突破呢？

# 瓶颈：打不起精神的原因

**15**

做电竞选手和做其他工作可能有一个比较大的区别，即电竞选手都是因为喜欢打某个游戏而入行的。但是，经过长时间单调枯燥的训练，很多选手会感觉自己对游戏的热情被磨灭了，突然不喜欢这个游戏了。其实，造成这种情况的原因往往不是真的不喜欢了，而是选手在比赛中遇到了瓶颈。

这一点很好理解。作为普通玩家，如果打一款游戏时一直在进步，那你是不会感到累和厌烦的；但如果总是无法升级，分数很低，时间长了，你自然会觉得没意思。职业选手也是如此。如果一直无法取得比赛的胜利，怎么打都打不过别人，他们就会质疑自己，对游戏的兴趣也会降低。

遇到这种情况，选手应该尝试改变，主动突破瓶颈，让自己变得更强。一旦成功了，兴趣的问题自然就不存在了，选手也会为自己开心：我又变强了，又可以在职业赛场上大杀四方了。

-Sky-

MBA 课程中，关于职业生涯的自我状态管理，有这样一张图（见图 3-1）：

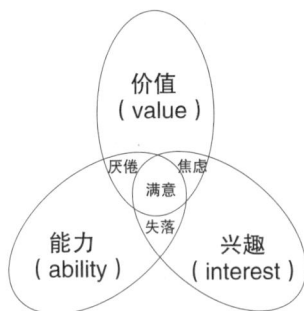

图 3-1 职业生涯三叶草模型[26]

如图所示，只有兴趣、能力、价值三者高度统一时，我们才会对职业状态感到满意。但这三者是什么关系呢？也许你会认为职业生涯遇到瓶颈，是因为没有兴趣，没有爱，导致能力不足，进而得不到价值回报。其实，现代科学告诉我们，人对一件事情的持续兴趣来源于不断的奖赏，也就是价值回报，而奖赏来源于行动：付出行动—价值回报—兴趣增强—强化行动[27]。Sky 的这段话虽然简单，却暗合了这一规律。

电竞选手的价值回报当然来自比赛胜利和平时训练中的点滴进步。但在经历了职业生涯的起步阶段后，很多选手便难以再感受到自己的成长，甚至连细微的进步也难以取得。

如果在比赛中遭遇失败，那么三叶草模型中的价值一项就会严重缺失，进而兴趣也会不复存在。一旦遇到这种情况，选手就要强迫自己接触大量陌生和新鲜的职业信息，从不同的人、不同的打法，甚至不同的环境中寻求进步，从而激发持续的兴趣，实现自我突破。

# 破局：寻找更高水平的对手

**16**

业余玩家跟电竞选手最大的区别其实在于对手的实力。对手实力越强，自身水平也就提高得越快。业余玩家能接触到的大多是跟自己水平差不多的不太专业的玩家，大家打游戏都是为了开心，就算个别玩家有战术上的策略和想法，因为周围人都抱着寻开心的态度，所以他们也没有机会落实和验证自己的想法。于是，很多水平高一点的业余玩家就会沉浸在胜利的快乐中，觉得这么玩游戏很爽。但对职业选手来说，找不到水平相当的对手是极其危险的。

以我自己来说，我那时在国内实力太强了，尤其是 2002 年和 2003 年的比赛，大家从来不用考虑第一是谁——肯定是我——只需要讨论第二到底是谁。但这并不是什么好事。比如，当时我的比赛收视率是最低的，没有人想看，因为压根儿没有悬念。

这还不是最严重的问题。最严重的是，由于长时间没有好的对手陪练，国内排名第二的选手跟我的实力差距也很大，一段时间后，我的水平也会出问题。这就像让邓亚萍天天跟我练乒乓球一样，时间长了，她的水平也会大幅度下降。

虽然在国外我的成绩一直都不理想，但因为可以和国外的高手相互切磋，我的水平可以不断提高。**只有高手和高手之间不断产生思维或操作上的碰撞，才能找到更新、更好的技战术方向。**

因此，为了解决这个问题，2006 年我直接跑到美国去训练了。刚到那边时，无论是比赛还是训练的强度都很高，我总是打不过那些玩家。但是待了近三个月后，我的水平得到了明显提升。

**所以，职业选手要想不断精进，获得突破，找到旗鼓相当的对手十分重要。**

-RocketBoy-

# 创新：像推导数学题一样研发新战术

## 17

一般情况下，电竞队伍的战术、打法都由教练制订。但是在我做选手的时候，没有人教我游戏的技巧，也没有战报可看，都是自己一边训练一边琢磨。研发战术不仅需要灵感，更需要大量的时间。

以我自己的 Sky 流为例，最早我是受到了国内另一位《魔兽争霸 3》选手 GuangMo 的启发。他在跟兽族对战时，虽然其他兵种都用了寻常打法，但是二发 ① 了兽王，这种打法让我大开眼界。在此基础上，我像做数学题一样不断推导、演算，不断尝试搭配其他兵种，一点一点改进细节。在训练赛中，我会将这些战术拿出来尝试。虽然一开始效果不太好，但我认为它的方向是对的，拥有很大的潜力。于是，我继续花时间推导，一步一步把它完善起来，最终形成了Sky 流。

研发战术是一个漫长、缓慢、反复的过程，只有不断刻

---

① 指选择第二个英雄。

意练习，才能达到新高度。

-Sky-

也许有人会认为，游戏中的战术和套路都是游戏开发者设计好的，玩家并没有多大的空间发现新玩法，但实际情况并非如此。开发者的游戏水平通常都比不过顶级玩家，战术上也没有顶级玩家花样那么多。比如，在《魔兽争霸》里，小强蜘蛛流、人族一波流、Sky 流等战术都是玩家利用版本平衡性的特点开发出来的；而在《星际争霸》中，飞龙抱团、龙骑点射、雷车甩尾等常规战术也是先由玩家发现，随后普及开来的。所以，选手摸透游戏机制，利用游戏特点研发战术，确实能给竞技带来新的玩法，实现技术突破。

研发战术需要选手付出大量的时间去思索、研究，这背后是选手对电竞事业的执着和热情，以及追逐梦想的勇气。但是，电竞与其他竞技体育的区别之一是，电竞项目更迭比较快，一个项目可能这几年比较热门，过几年就没人玩，也没有比赛了。如果选手一味钻研已经无人关注的项目，无异于浪费自己的职业生命。

# 转型：切换项目有要诀

**18**

作为一个电竞选手，很可能有一天自己打的游戏不火了，或者突然出现了一个更火的游戏，导致自己原本打的游戏没那么多比赛了或者比赛的关注度下降了。这时候，很多选手会选择继续打原来的游戏，也有些选手会选择切换游戏项目。

很多知名选手都会选择切换项目，比如，RocketBoy 就切换了好几个游戏，我也是这样。我最早打的是《星际争霸 1》，但是《魔兽争霸 3》出来的时候，我选择转型成了《魔兽争霸 3》的选手。如果我当初选择继续打《星际争霸 1》，可能不会取得后来的成绩。

但转型也是有风险的，有时候你不一定能很好地适应新游戏。能否转型成功跟你的决心有关，也就是你到底愿意花多少时间转到这个游戏上，以及转型之后愿意花多少时间打好这个游戏。

－Sky－

但是，是不是热门项目就一定适合自己呢？RocketBoy有不同的看法。

电竞选手切换游戏时，不能看到哪个游戏火就去打哪个。为了确保转型成功，最好选择与过去项目相近的游戏。比如，作为一名 FPS 选手，不要看《王者荣耀》这个 MOBA 游戏火了，就转型去做《王者荣耀》选手，这中间的跨度其实是很大的。

我最开始接触的竞技游戏是《雷神之锤》，后来又转型做了很多项目，比如《毁灭战士》《斩妖除魔》《虚幻竞技场》《守望先锋》。这些游戏有一个共同之处——都是 FPS 游戏。这意味着无论哪个游戏，射击都是其最核心的操作。我只要分析清楚两个游戏的具体差异，适应变化就行，其他相同的经验都可以套用。我们能看到，有小部分《绝地求生》的职业选手以前是打《使命召唤》的，有些《守望先锋》的职业选手过去是打《军团要塞 2》的。

但有时候，同类型游戏的差别也可能很大。比如，《星际争霸》和《魔兽争霸》这两个 RTS 游戏虽然有很多共通之处，但在具体战斗上区别很大——一个注重集团军大规模战斗，一个注重十几个单位的小型、长时间战斗。所以，很多《星际争霸》的选手转去打《魔兽争霸》后，觉得不舒服，《魔兽争霸》的选手转去打《星际争霸 2》也觉得不舒服。

所以，在切换游戏项目之前，你一定要把它们摸透。

–RocketBoy–

2021 年 LPL 春季赛开战前夕，RNG 俱乐部宣布了一个让所有粉丝都大跌眼镜的消息：原中单选手 Xiaohu 将在 2021 年转型，司职上单。很多粉丝惊呼俱乐部脑洞太大，怎么能因为俱乐部缺少上单选手就让 Xiaohu 轻易转型呢？一时间，质疑声四起，其中唱衰者众多，甚至有粉丝说，"Xiaohu 转型是对粉丝的致命打击""还不如便宜点把 Xiaohu 卖了，也好过这样不靠谱地转型"，更有人猜测 Xiaohu 年龄偏大，这次转型凶多吉少。

但真实情况是怎样的呢？

Xiaohu 于 2014 年入行，司职中单已近 7 年，并屡获 LPL 最佳中单称号。在 RNG 的 5 年中，上单、打野等位置换了好几位选手，中单却一直是 Xiaohu 一人。他陪伴俱乐部经历了 2017 年的上升期和 2018 年在 MSI 夺冠的辉煌时刻。但 2019 年和 2020 年，俱乐部却因为种种原因没能拿到进军英雄联盟全球总决赛的门票。2020 年，全队核心，即下路输出位 Uzi 宣布退役，上路的上单位置缺少合适的人选，而战队昔日的功臣 Letme、Mlxg、Zz1tai 和 Karsa 也都已退役。RNG 将以什么样的阵容迎接新的一年？这个问题让所有粉丝为之揪心。

在一次采访中，Xiaohu 透露，由于 2020 年成绩不够理想，个人也没能发挥出优势，看到队里一直没有找到合适的上单，他就主动提出愿意转到上单试一试。

对一个打了 7 年的电竞老将来说，转换位置无疑是一个巨大的挑战。如果不能成功，就很可能意味着职业生涯的结束。

2021 年 1 月 9 日，LPL 春季赛打响。让所有人都没想到的是，Xiaohu 在上单位置上一鸣惊人，接连被评为单场比赛 MVP，甚至有评论使用了这样的标题——"RNG 正式进入小虎时代，国外网友热议：他强过一群老上单"。[28] 不仅如此，Xiaohu 和队友们一路过关斩将，最终在 4 月拿到了 LPL 春季赛冠军，一路杀进了 MSI。

Xiaohu 的这次成功转型，一方面得益于俱乐部整体比赛策略的转变，从主攻下路转换到主攻上路，这种全队围绕上单打的思路让许多对手猝不及防；另一方面，也是因为 Xiaohu 个人在新位置上下足了苦功。俱乐部工作人员反映，

Xiaohu 为了提高自己在上单位置的技战术水平，经常在全队结束训练后继续给自己加码，有时甚至打到凌晨四五点也不休息。天道酬勤，Xiaohu 凭借自己的努力抓住了俱乐部这次转变战术思路的机会，让自己第一次成了全队的核心。

Xiaohu 的例子告诉我们，面临瓶颈时，选择转换位置也可能会让选手获得更好的发展。

比如，韩国选手 Ambition 在 2011 年出道时担任 BLAZE 战队的中单，一度被称为韩国最强中单。但随着 2013 年 Faker 出道，以及 Rookie、PawN 等新人出现，Ambition 在中单位置上黯然失色，甚至被人戏称为"比赛中的背景板，毫无作用"。2015 年，Ambition 换到了打野位，加入 SSG 战队。新位置让他迎来了职业生涯的第二春，2016 年，他和队友晋级全球总决赛，并在 2017 年最终取得了全球总决赛的冠军。

我国选手 Zz1tai 曾在国内一线俱乐部 iG 司职中单，但 2015 年俱乐部引进了韩国外援，Zz1tai 因为位置重叠不得不选择转型为上单。2017 年加入 RNG 后，他在上单位置越打越出色，和队友一起在 2018 年夺得 MSI 冠军。[29]

在《王者荣耀》项目中，选手更换位置的情况也时有发生。

　　更换位置对选手来说有着多种原因，有的是因为位置重叠，有的是为了紧跟教练的战术思路，有的是为了适应游戏新版本的变化。但无论哪一种，选手都是主动对自己进行调整，以便把握机会，取得突破。

　　当然，转换位置对职业生涯本就很短暂的电竞选手来说风险极大，需要天时地利人和，所以能成功的凤毛麟角，屈指可数。那么，如果换项目和换位置都不可行，选手还可以通过什么方法突破瓶颈呢？

# 转会：把自身价值放到最大

**19**

有人认为，电竞选手混得不好才会转会——俱乐部经常会让一些不上场的替补进入转会名单；也有人认为，选手转会都是为了钱——转会时通常有百万以上的转会费。这些其实都是偏见，真实情况并不都是如此。

首先，转会费并不会给选手，而是买家俱乐部付给卖家俱乐部的。如果选手和买家俱乐部协商得好，那他会拿到一笔额外的签字费，但数额远远不及转会费那么高。

其次，很多选手转会并不是因为混得不好，而是因为遇到了瓶颈。

我最初效力于 AG 超玩会，从成为一名电竞选手开始，我就一直想拿冠军。我们曾经凭借常规赛全胜的成绩一路杀到决赛，却与冠军失之交臂，第二次又差了一点。随着年龄的增长，我想拿到冠军的愿望越来越迫切，甚至成了我当时唯一的目标，其他的一切都不重要。队友们也希望走得更远，最终赢得冠军。可别的队伍进步的速度一直比我们快，我们却越打越吃力。

我觉得队伍遇到了瓶颈，能想的办法都想尽了。我们花了特别多的精力研究，换了很多教练，找了很多选手，进行了各种尝试，但一直没什么效果。所以我想去外面看看，寻求一种外部视角，多接触一下别的队伍，做更多尝试，于是选择了转会。

— 老帅 —

与青训队的新手不同，已经取得一定成绩的选手在选择转会时要考虑的因素更多一些。

电竞选手都有转会期，不管合同有没有到期，都可以和俱乐部谈转会的事。与刚入行的新人选手不同，打过很多比赛、成绩也不错的选手拥有更多底牌，选择俱乐部时考虑的因素也更多。有很多选手转会时比较看重能拿到多少签字费，但其实他们更应该考虑的是长远的发展。

**首先，需要考虑俱乐部有没有更好的训练体系支持选手继续进步。**要判断这一点，直接看俱乐部原来的成绩就可以。成绩不好，在业内没有关注度，俱乐部就无法得到赞助商的青睐，自然也就无法为选手提供足够的支持，无论它吹多少牛都没用。

**其次，评估俱乐部给的待遇。**这个待遇要分成两部分，一部分是基础工资、赛事分成，另一部分是俱乐部在直播、自媒体等平台上为选手争取到的机会。

前一部分能说明俱乐部的商业状况。如果没有足够的资金和商业资源，俱乐部可能会运营不下去，自然也就不可能给选手好的待遇。后一部分则是俱乐部软实力的表现。比如，俱乐部如果想把你推给直播平台做一个人气很高的主播，是需要花钱包装的。

我想特别强调一下软实力的价值。电竞选手的职业生涯相比其他行业来说非常短暂，如果选手退役了，或者这个游戏的热度下降了，他可能就什么都没有了。如果能够成为顶尖的高手，就意味着选手有机会获得足够高的商业价值。这时候，一定要尽力找到一个能帮自己创造价值、扩大价值的俱乐部。

我就认识一个选手，他跟直播平台签了 400 万的合同。因为他很明白，既然只能吃 5 年的青春饭，就要把这 5 年的价值放到最大。

-RocketBoy-

# ◎明星经纪

　　过去，电竞选手的任务就是比赛和训练，偶尔才会接受媒体采访。但随着电竞行业的蓬勃发展、粉丝数量的增多，以及选手知名度的提高，现在选手除了比赛训练，还要更新社交媒体动态、跟粉丝互动、出席比赛联盟和赞助商的活动，等等。可以说，电竞选手的职业特点正在随着行业发展而悄然变化。

# 根源：圈粉力越来越强

**20**

如今，电竞选手越来越频繁地进入公众视野。作为竞技运动员，他们在世界赛场上取得的好成绩堪比乒乓球、跳水、体操、举重等我国传统优势项目；作为明星，他们对赞助商的吸引力丝毫不逊于流量偶像。电竞明星的背后，是一年大约 1400 亿元的市场规模，是 1.63 亿电竞赛事观众和超过 5 亿电竞用户的支持。[30]

在这个庞大的粉丝群体中，有扎根电竞多年的技术粉，也有不断涌入的女性粉丝。

**先来看技术粉**。技术粉折服于某位选手或某个俱乐部的出众能力，进而对其持久关注，他们是电竞粉丝中的主流。其中，《英雄联盟》的粉丝群体最为庞大，上榜微博之夜年度人物的几位电竞选手全部来自《英雄联盟》项目。

技术粉大多是学生或二三十岁的上班族，男性占据绝对优势。他们活跃在 NGA、虎扑等各类社区，观赛经验丰富，对游戏本身以及各支队伍的选手组合都有自己的理解，因而经常会就比赛中的技战术讨论得热火朝天，而且其中一些人已经在论坛中拥有了较高的话语权。

**再来看女性粉丝。**女性粉丝的出现与近年来《王者荣耀》以及多种类手游的普及有很大关系。就《王者荣耀》而言，首先，游戏机制和操作相对简单，降低了女性玩家的进入门槛；其次，QQ或微信登录的方式使玩家可以跟随朋友进入游戏，熟人拉动效果明显；最后，游戏设计了不少漂亮的情侣皮肤，吸引着女性和男朋友一起进入游戏世界。

女性粉丝的进入无形中将一些饭圈文化带进了电竞圈。她们除了关注选手的成绩、游戏竞技水平，还会关注选手的形象气质、言谈举止、喜怒哀乐、兴趣爱好，甚至是一些细小的个人习惯和微表情。这些私人化的信息，让选手在粉丝心中成了一个理想化的人格形象。

女性粉丝会组成应援团，自筹资金制作贴纸、横幅、相册等周边物品，在选手比赛、生日或其他关键时刻送上祝福、礼物，甚至会去机场接机、送机，并定期举办应援活动。

她们会认为自己喜欢的选手在大多数情况下是正确的，甚至是完美的。如果有不利于选手的舆论出现，她们会立刻做出回击，为选手打抱不平。

女性粉丝大多活跃在饭圈文化浓郁的微博，而微博自身的运营也十分重视游戏版块，这些因素带动了各俱乐部对微博内容的运营力度。我们可以看到，在微博超话排行榜游戏分榜中，前十名中有八名是《王者荣耀》项目的选手，而参与超话讨论的大部分都是女性。

这一系列现象似乎表明，手游的普及打破了原有电竞粉丝圈的格局，给行业注入了新鲜血液，带来了更多用户、更多粉丝。这一切都提高了电竞选手的社交影响力，从而吸引到了更多品牌赞助商。据统计，女性玩家已经占到《王者荣耀》用户的 54%[31]，这个惊人的数字推动着电竞行业在运营方面做出更多尝试。

-RNG 郝潇凤 -

# 机制：系统的明星运营

## 21

手游的普及降低了电子游戏的设备门槛、技术门槛，赢得了更多粉丝，其中女性粉丝的数量更是与日俱增，这使选手的商业价值得到了迅速提高。于是有很多人认为，现在的电竞选手越来越像艺人，选手中好看的小哥哥越来越多，他们的"脑残粉"也不在少数。事实上，粉丝的增加确实给行业运营带来了深刻的改变，但电竞行业的特点决定了选手的粉丝群体有自己的特点。

电竞选手的粉丝中极少出现纯粹的颜粉或者"脑残粉"，这个圈子的粉丝天然具有慕强特质，选手成绩够不够突出、实力够不够强，是吸引粉丝的先决条件。如果一个选手状态长期低迷，粉丝一定会流失。所以，无论是联盟还是俱乐部，要想挖掘选手的商业价值，都要先围绕选手的赛训来做。

比如，王者荣耀职业联盟就有着系统的运营规划。联盟除了运营春季赛、秋季赛等赛事，还大力发展赛事直播、线下盛典、相关娱乐、赛事节目等传播内容，让粉丝通过更多窗口了解选手的"游戏人生"。

此外，联盟从各俱乐部中挑选出成绩好、粉丝数量多的选手，为他们设置了一系列专门课程，如形体、演讲、礼仪等，并规定各俱乐部必须为选手安排专职经纪人，要求经纪人陪同选手上课，确保他们按时完成课程作业。以此为基础，联盟的一些商业和媒体资源都会向这些选手倾斜。比如，某车企的视频广告，联盟就请了不同俱乐部的5位选手一起拍摄。同时，联盟也会将一些媒体资源给到适合的选手，比如邀请KPL七冠王Cat与明星进行游戏对战，引发了媒体热议，形成了良好的传播效果。

联盟对选手商业价值的系统化开发，拉动了各俱乐部的选手运营，如RNG俱乐部就有专门的市场品牌部负责俱乐部和选手的宣传。与娱乐圈经纪公司对明星的运营不同，俱乐部通常会不断扩大俱乐部主品牌影响力，同时带动选手的运营。

比如，RNG俱乐部制作了三档持续更新的网络节目——《高能软泥怪》《皇话》《STILL RNG》，LGD俱乐部制作了《鬼才访谈对话》，WE俱乐部持续更新《WE CHAT》等。这些节目在粉丝和俱乐部、选手之间建立起桥梁，让粉丝能够及时了解俱乐部赛训情况、选手心路历程、生活花絮等内容。

除此之外，俱乐部还会做一些有影响力的线下活动。比如，RNG 俱乐部做了多届的 "中国有 R" 粉丝公益活动。在每一年的活动中，俱乐部工作人员和部分选手都会在一个多月的时间里跨越多座城市，以用俱乐部周边置换粉丝书籍的方式，为贫困地区募集物资、献上爱心，同时传达电竞精神，而这也推动了全国各地粉丝后援会的发展。

在选手个人宣传方面，俱乐部也不会像娱乐圈的经纪公司那样为选手策划人设，全方位进行包装。相反，他们会根据选手的个人特点，在非赛训期有针对性地安排选手参加一些活动。

比如，对于职业生涯一波三折，但最终赢得傲人成绩的选手，俱乐部会在一些相关的节目、杂志采访中以 "励志" 为主题，突出他不屈不挠的坚强品格。对于多才多艺、爱好广泛的选手，俱乐部会安排他们探访自闭症儿童，与孩子们一起画画等，既做了公益，也展示了个人才华。

可以说，联盟和俱乐部都越来越重视选手的明星效应，并力图借鉴其他行业的成功经验，系统化地挖掘电竞选手的价值。

– RNG 郝潇凤 –

电竞选手的明星效应推动了整个行业 "破圈" 的步伐。

所谓破圈,就是突破原有电竞玩家、选手和赛事的圈子,被更多的人接纳、认可。事实上,长期以来,破圈一直是电竞行业的痛点,虽然电竞已经成为亚运会正式比赛项目和中国高校的正式专业,但主流社会对它的认知还相当匮乏。因此,破圈成了现阶段职业联盟和俱乐部在运营方面的主题之一。只有获得更多人的认可,赢得更多粉丝,电竞赛事的举办才能收获更多回报,游戏产品才能获得更强的生命力和影响力。而在破圈的过程中,电竞选手无疑冲在了最前面。

第四部分

退役之后

2021 年 2 月 28 日，已经退役的 Uzi 以"微博年度人物"Top5 的身份再登微博之夜舞台，在获奖时不无感慨。他说："我想送给大家一个'冲'字，因为打电竞的人都有一颗青春无悔的心，希望大家跟着我一起冲！"

作为中国电竞行业的代表人物之一，Uzi 的斗志在退役后依然不减，而"冲"这个字也许正是他奋进人生的写照。不过，"青春无悔"四个字的分量似乎更重一些，它是追逐梦想时的不顾一切，也是退役后从头开始的乐观豪迈。

从十几岁入行到二十多岁退役，职业电竞选手在青春年少时选择放手一搏。他们中有的登上了顶峰，有的则默默无闻，但无论是否成功，人生在他们退役的那一刻都将再次燃起火焰。只是这一次，他们要迎接的是更为漫长的挑战。

# 主播：个人魅力的综合展现 ①

## 01

　　职业选手退役前通常就会在俱乐部的安排下进行直播，拥有一定的经验，再加上打职业比赛积累的粉丝、人气和高超的游戏技巧，退役后转行做游戏主播似乎是顺理成章的事，而一线选手和明星选手更是会成为各大直播平台争抢的对象。

　　但是，要想长久地做一名人气主播，对曾经的职业选手来说其实并不简单，因为这已是一片红海。根据《2020游戏直播行业数据报告》的统计，斗鱼、虎牙、企鹅电竞、B站、网易CC、快手以及YY这七大游戏直播平台上，与直播公会成功签约的主播多达586314人，比2019年增加了27.56%，而其他因为粉丝数量少而没能与公会签约的主播更是多如牛毛。[32]

　　职业选手退役后如果选择做一名主播，可能会面临三种情况。第一，留在俱乐部做一名签约主播，由俱乐部继续负责自己的所有宣传和商务。比如，RNG的Letme和Zz1tai退役后就选择了留在俱乐部，俱乐部根据他们的个人特点为他

---

① 本篇内容为编著者根据相关资料编撰而成，并非来自对行业内人物的采访。后文中文末没有标注受访人的文章，也是这种情况。

们安排各类宣传活动。Letme 作为曾经的亚运会冠军战队核心、当下热门主播，曾去清华大学进行演讲。第二，和一家主流直播平台签约。比如，Uzi 和 PDD 退役后都直接与平台签约，获得了比较好的资源支持。以上两条路一般只针对顶级选手，如果是一名普通电竞选手，可能就要面临第三种情况——自己转行做直播，那这时要注意哪些事项呢？

**第一，和打比赛时讲究团队协同、以最终胜利为目标不同，主播的操作要更加吸引眼球。**你要让粉丝在直播间看到赏心悦目，甚至是令人拍案叫绝的技法，让粉丝在技术和意识方面都有所收获。这一点是主播最核心的技能，职业选手只要稍加注意就能占据优势。

**第二，必须在形象、语言和互动方面增加对粉丝的吸引力，其中最重要的是语言风格。**比如，人气主播旭旭宝宝在具有职业选手技能的基础上，语言非常搞笑幽默，经常有粉丝说"他讲话简直笑死人"。曾经的上单选手 PDD 也以搞笑风格见长，他的直播间诞生了一个又一个火爆全网的梗。他的口头语"香蕉棒棒锤""芽儿哟""我裂开来"等，以及他模仿综艺节目中动作的情景，总是能让粉丝们开怀大笑。他人气爆棚，一度是全国最火的游戏主播，高德地图甚至在 2021 年推出了 PDD 搞笑风格的语音导航。Zz1tai 不仅有过硬的技术、幽默的语言，在妆容上也进行了精心设计，这为他的直播间吸引了不少粉丝。

主播鲜明的个人特色只是一方面，直播时与粉丝积极互动也很重要。人气主播一般都会关照到尽可能多的粉丝，问答或者交谈亲切如朋友，也只有这样才能让粉丝长久追随。

**第三，必须付出大量时间。**这一点无论是对退役选手还是其他主播来说都很关键。刚开播的主播每天最少要直播 10 小时以上，只有这样才能为自己带来更多的曝光度。

老帅在成为电竞选手之前也曾是一位知名主播。刚开播时他就发现，热门时间，比如晚上 10 点左右，观看人数少的直播间会下沉到排名末端，观众别说点进去，甚至根本不会发现这个直播间——观众只会追逐排名靠前的主播，而不会一直把名单下拉，看一个只有 20 个观众的主播。观察过每个时间段观众数量的变化后，老帅改变了直播时间——从前一天晚上一直到次日中午。晚上的直播会积攒一些观众，到了半夜两三点，其他主播下播，他的直播间会排到前五，熬到早上，排名就是第一了，这时会有大量早上刚起床的人陆陆续续涌进来。熬夜把直播时间拉长，大幅度提升了老帅的直播数据。

**第四，要有非常强的抗压能力。**如果你以前不是一名大神级的电竞明星，而只是一名普通选手，那么刚开播时很可能会经历一段缺少粉丝支持、弹幕稀少的时期。如果数据长时间没有起色，你就要尽快自我调整，看看究竟是自己的操作不够吸引粉丝，还是语言风格方面缺少设计。与此同时，网络上的人形形色色，你随时都可能会遇到恶语相向者，技术、颜值、衣着等都有可能成为你被攻击的原因，对此，你必须心态平和，泰然处之。

**第五，除了必备的直播设备和畅通的网络，你最好还要有一个相对安静、隔音的环境。**夜深人静时，音量稍大就会影响邻居，频繁扰民很容易被举报，不少主播都有过类似的经历。

如果以上几点你都能做到，并进而赢得了相对高的人气，那么接下来就可能会有公会找你签约。和一家热门平台的大公会签约当然会给你带来更多机会，比如在好时段给你一个推荐位置，或者一个比较靠前的排名。但前提是你自身的流量必须足够高，同时你的直播时间也不能减少。如果流量下滑，公会就不会再把资源给你了。

主播的收入一般分为平台签约费、广告费和观众打赏三部分。其中，平台签约费和广告费只有人气很高的主播才会有，一般的主播主要靠观众打赏。遇到愿意为你豪掷千金的人当然很幸运，但如果没有，你也要耐得住寂寞。所以，主播这个职业赚钱并不容易。

进入游戏直播领域，意味着你要和全国几十万主播展开竞争，其中有游戏打得好的艺人，有高人气的网络歌手，也有凭借高情商和勤奋赢得市场的普通少年，大家各具特色，各显神通。

表 4-1 是 2020 年十大游戏主播，其中职业选手占到了一半，他们人气的高低并不能与从前的职业水平完全画等号，而很多非职业选手也可以在直播领域取得不错的成绩。如果你想在退役后以直播为业，那么可以多参考这些主播的直播经验，在游戏打法、形象设计和语言风格等方面为自己做好筹划。

表 4-1　2020 年十大游戏主播<sup>[33]</sup>

| | 主播 | 平台 | 项目 | 是否职业选手出身 |
|---|---|---|---|---|
| 1 | 旭旭宝宝 | 斗鱼 | 《DNF》 | √ |
| 2 | 张大仙 | 虎牙 | 《王者荣耀》 | × |
| 3 | 一条小团团 OvO | 斗鱼 | 《绝地求生》 | × |
| 4 | 狂鸟、楚河 -90327 | 虎牙 | 主机游戏 | × |
| 5 | 卡尔 | 虎牙 | 《英雄联盟》 | √ |
| 6 | 心态［乌鸦］ | 虎牙 | 《王者荣耀》 | × |
| 7 | DK- 不求人 | 虎牙 | 《和平精英》 | √ |
| 8 | 即将拥有人鱼线的 PDD | 斗鱼 | 《英雄联盟》 | √ |
| 9 | 花少北 ' | Bilibili | 《糖豆人》 | × |
| 10 | 智勋勋勋勋 | 斗鱼 | 《英雄联盟》 | √ |

据人社部统计，预计未来5年，电竞行业人才缺口达到350万，其中电子竞技员人才需求量200万，电子竞技运营师人才需求量近150万。[34]由于电竞赛事的项目数量、层级、传播途径的不断丰富，电竞解说人才的需求非常大。图4-1是电竞行业的生态图解，其中的岗位都有较大的发展空间，以及进一步专业细分的可能。

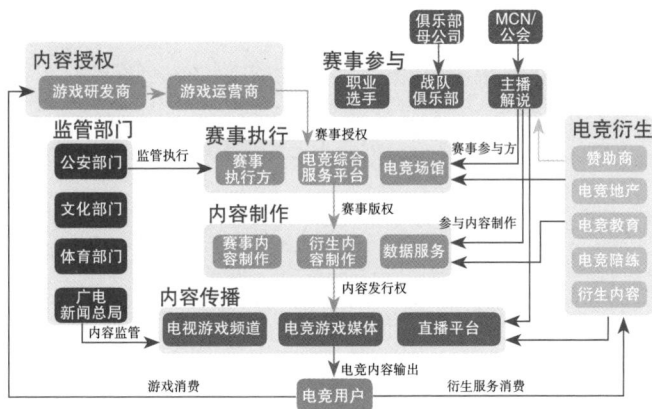

图4-1 2021年中国电竞产业链

资料来源：艾瑞咨询研究院自主研究。

电竞的整个产业链分工多、环节多，选手退役后的选择空间其实非常大。赛事内容制作与传播当然是选手比较容易上手的工作，直播和解说其实都属于这个范畴；而赛事执行、场馆运营等也可以考虑。但是，电竞选手毕竟在应该读书的年纪长时间封闭训练，接触面相对有限，所以转行的难度确实不小。面对这一问题，一些俱乐部也在积极应对，帮助选手进行职业规划。

比如，RNG俱乐部有一个专门团队负责选手退役后的直播和赛场外运营。他们为签约的退役选手配备了日常个人助理、经纪人、直播运营管理以及视频剪辑编导，也会根据每个退役选手自身的特点制定发展方向。

Letme退役后，俱乐部就与他签订了经纪约，继续负责他之后的工作。Letme作为RNG俱乐部曾经的主力上单选手，与队友共同获得过MSI和亚运会表演赛的冠军。2019年5月退役后，Letme留在俱乐部，以直播为主业，开始了全新的生活。在直播间，他有意识地改变自己，以往性格内敛、寡言少语的他开始与粉丝积极互动，并且一改往日稳健的游戏风格，不断找机会寻求单杀，这为他赢得了不少人气。与此同时，Letme作为RNG俱乐部的宣传大使，曾到清华大学进行演讲，赢得了学子们的喝彩。他还带领曼联的名宿参观俱乐部，与九球天后潘晓婷相伴前往2020年春季赛现场观看RNG对JDG的比赛。在英超狼队时尚之夜，他更是突破自我上演了T台走秀。

选手Zz1tai退役后也选择了留在RNG俱乐部。他性格活泼，情商高，善于在直播中制造有趣的"梗"，因此俱乐部投入了大量的精力和资源，让他专注于直播领域。

与此同时，赛事联盟也在创造机会帮助选手迎接新的人生。比如，腾讯电竞已与北京邮电大学、广州体育学院达成合作，让二十多名选手重返校园。

下面，我们继续看看电竞选手退役后可能的选择。

# 解说：口才和游戏认知同样重要

## 02

我国由电竞运营方认证的电竞解说大约有 1200 人，对应各类电竞项目的全年联赛和各层级比赛，人才缺口巨大，而这导致优秀电竞解说人才供不应求，收入远超普通工薪族。因此，很多人认为退役选手转行做解说是个不错的选择。

退役选手确实在游戏意识、游戏机制的理解上拥有天然优势，不仅如此，他们还在职业生涯中养成了钻研战术、研究对手的习惯，而这也会帮助他们发现和掌握更多比赛信息。但是，只有对游戏的深刻认知远远不够，电竞解说还要具备多种素养。

首先，电竞解说对项目的认知不能停留在战术打法层面，还要对参赛队伍及选手的历史数据、战术特点，以及游戏版本的变化、国内外的发展趋势等有全面综合的认识。要想掌握这些信息，无论是选手出身还是非选手出身的解说，都要在事前做大量准备工作。

其次，电竞解说必须有过硬的语言表达能力，在台上能做到言之有物、言之有序、言之有理、言之有情。他们不能把知道的信息一股脑地都告诉观众，而要找到恰当的时机自然而然地透露出来；在描述比赛局势时，要思路清晰，简明扼要，画龙点睛；对选手及比赛局势进行评论时，要客观公平；在解说的过程中，要饱含感情，引起观众共鸣。

曾经是《DOTA2》二线职业选手的 5400（人称"灭亡哥"）就在退役后成了一名解说。因为当职业选手时成绩不理想，他刚开始做解说，点评场上选手的打法时，总会遭到网友质疑。后来，他凭借出色的口才，在 2018 年 DOTA2 亚洲邀请赛中给观众带来了精彩的解说，并因此一炮而红。他后来说："当时说什么基本上都是临时想出来的，根本没有什么稿去照着念。比赛的时候我就已经在截屏了，把我想要的画面全部都截下来。比如，阵容选完，我就需要去想这个阵容我需要截哪些东西。""在整个点评里，我大概只有两分钟左右的时间去组织语言，从比赛结束到分析台分析这段时间，我是导播，只有视频导出来的那短短几分钟时间给我去考虑怎么说。"[35]他后来转型解说《绝地求生》，也获得了大家的好评。

由此可见，**电竞解说也和足球解说、排球解说一样，既需要充足的专业知识，也需要出众的口才和现场反应能力。**比如，曾荣获"2019 年 LPL 年度最受欢迎解说主持"的王多多，从前是一名历史脱口秀的 UP 主，也是《英雄联盟》的重度爱好者，两方面的综合积累造就了今天的他。而屡次荣获各类电竞解说大奖的 LPL 著名解说米勒，毕业于四川外国语大学重庆南方翻译学院，不仅具有优秀的语言表达能力，对游戏的认识也十分深入，总能在比赛的关键时刻说出让大家铭记多年的金句。

第一代电竞解说大多是半路出家，但随着电竞行业整体的发展，这个职业也越来越专业化、规范化。从 2018 年开始，上海体育学院、南京传媒学院、上海戏剧学院等高校陆续开设了电竞解说专业，学生在参加高考前要先通过英语口语、体育新闻播读、体育话题评述、指定电竞项目解说四门专业课的考试，然后再按照高考成绩择优录取。学生入校后，不仅要系统训练语言表达能力和文字表达能力，还要上大量的电竞实操课程。据介绍，电竞解说专业的学生一般在大三的暑假就会陆续接到工作邀请。[36]一些游戏解说的招募令上也会明确把"播音主持 / 表演 / 传媒专业毕业"当作加分项。

这么一看，要想成为一名优秀的电竞解说，退役选手必须做好充分准备。而且，入行后，他们还要面临多项挑战。

**第一是同行竞争**。电竞比赛的时长一般在 1～2 个小时，长的会达到 3～6 个小时，而比赛日不会只有一场比赛，所以，即便是中小型项目，解说团队往往也会超过 10 个人，大型项目规模达到数十人也很正常。在这样长时间、多人数的背景下，想要凸显个人特色，让观众对你印象深刻，并不是一件容易的事。

**第二是高速的工作节奏。**以米勒为例，LPL 和全球总决赛从年初一直延续到年尾，他每天从中午开始化妆，一直到晚上 10 点多才能离开演播室，而到家后还要准备各类材料，凌晨两三点才能休息。常年如此，工作压力可想而知。

**第三是收入。**可能你在媒体上会看到，电竞解说收入非常可观，一线解说一年能拿到 5000 万，而一年收入超千万的也有四五十人。[37] 但如果稍加了解，你就会知道，这样的描述其实并不准确。电竞解说的级别由低到高分为储备解说、业余解说和职业解说。前两种基本为兼职状态，甚至是在校生兼职，一场比赛的收入在数百元左右。职业解说基本是全职状态，能参与 LPL、LCK（英雄联盟韩国冠军联赛）、LMS（英雄联盟中国台港澳职业联赛）等顶级联赛，一场比赛的收入一般在数千元。一线解说还会有代言、线下活动、电商等方面的收入。所以，光靠解说是赚不到上千万收入的。

如果你觉得电竞解说门槛有点高，那么还可以考虑做一名游戏解说。游戏解说不针对职业电竞比赛，而是以短视频的形式对市面上多种游戏的玩法、攻略进行介绍。他们自己录制视频，上传到多个网站，凭借高流量获得网站分成。如果做得好，还会获得游戏运营商的推广费用。比如，面面解说就以 10 分钟左右的短视频为形式，对各类游戏进行实操解说。他的视频在各大网站都有上传，粉丝多达数百万，在青少年中拥有较强的影响力。为了保持粉丝黏性，面面解说从 2018 年 10 月到 2021 年 4 月，两年多的时间里更新了近 3000 条视频，平均每天的上传量能达到 3～4 条。制作这类短视频不仅要对游戏有一定的认知，还要保持语言风格，会制造笑点，工作量之大可想而知。

无论是电竞解说还是游戏解说，退役选手一旦选择了，就要充分意识到它的难度，拿出训练、比赛时的韧劲和意志力，迎接新的挑战。

# 教练：继续攀登职业高峰

**03**

正如前文所述，职业电竞俱乐部的教练组一般由战队经理、战术教练、数据分析师和主教练组成。其中，战队经理要负责整个战队的人员搭建、后勤、作息安排、宣传对接等事项，是一支战队的"总管"。数据分析师在有些俱乐部是主教练的副手，由年轻教练担任；在有些俱乐部则由纯粹从事数据工作的人员担任，他们具有比较扎实的统计学基础，能够管理数据库，甚至能够搭建数据模型。退役选手转做教练一般是做战术教练或者总教练，直接负责选手的技战术训练和比赛。

战术教练或主教练可以说是电竞俱乐部最重要、最核心的岗位之一。

**教练要有领导力。**在电竞俱乐部，教练要带领的是一群大多不满 20 岁的青少年，不仅要指导他们的技战术，还要引导他们的人生观、价值观。想让一群处在叛逆期的孩子听从自己的领导，就得以自身过硬的专业能力和人格魅力作为基础。

**教练要具备极强的学习能力和分析、解决问题的能力。**游戏的版本一直在变化，赛场上各支队伍的打法和选手情况也在时时更迭，因而教练需要花费大量时间观察和分析行业全局，并根据分析结果以及选手特质制订适合的战术策略，为队伍构建宏伟蓝图。

**教练要有高超的沟通能力。**教练需要关注每一个选手，比如选手的状态如何，个人操作是否存在薄弱点，应该怎么改进，长处是什么，在队伍中怎么发挥出最大的作用，等等。与此同时，教练还要及时调整选手之间的关系，让大家彼此融合，形成良好的合作氛围。

**不仅如此，教练还要直接对比赛结果负责。**战队获得荣誉时，选手获得的喝彩多于主教练，但如果战队成绩不理想，主教练则要承担主要责任。比如，每年英雄联盟全球总决赛后，电竞俱乐部的主教练都会经历一次大洗牌，尤其是 BP 战术设计比较失败的，大多都会主动辞职。

要求高、强度高、压力大是电竞教练这一职业的显著特点，而退役后选择做教练的选手大多还有着英雄梦。PDD 就在转行担任 DYU 战队主教练时说："我要和队员一起加油，争取给大家呈现精彩的表现！"

任何一种职业的发展都是金字塔形的，只有经过不断的努力才能攀上高峰。所以无论退役选手选择从事何种职业，都意味着从零开始，压力和挑战都不会小。

正如 Sky 所说："电竞选手的视野相对狭窄，几乎每天都在训练、比赛，接触社会很少。退役后，选手应该想清楚自己的价值在哪儿，多看一看外面的世界。选手打职业的时候，最厉害的技能就是打好这个游戏，但退役之后如果不从事跟这个游戏相关的工作，从前最擅长的事情就没有多大用处了。你会迷茫、困惑、质疑自己，这个时候不要陷入负面情绪，而要通过学习、读书和交流让自己成长、进步。

"如果你想在退役后从事跟赛事相关的工作，就要学习如何做赛事，如何做直播、转播。如果你想从事跟主播运营相关的工作，那你要了解如何跟人沟通，如何跟主播沟通。你还可以做陪练，现在玩游戏的人很多，一些普通玩家会找陪练带着自己一起练习，这也需要你提高与人沟通的能力。"

相比以上这些需要重新学习、拓展眼界的职业选择，代练可能是退役选手最容易上手的工作。正如前面提到过的，做代练，你只需要按照玩家的需求，在指定时间内提升玩家账号的角色级别，或者获取某种高级装备，就能获得报酬。订单接得越多，收入也就越高。这一行门槛不高，拿《英雄联盟》来说，钻石以上级别的玩家就可以接单，这对职业选手来说几乎没有难度。不过，虽然容易上手，代练这一行却存在生态混杂、收入不稳定的特点。

买家、代练工作室、公会、代练平台和个人代练共同组成了这一行的生态。一个订单需求发布到代练平台上，平台要抽成35%左右，另外还要收取5%～15%的服务费，最后付出实际劳动的代练只能拿到订单价格50%左右的报酬，因而这类订单被称为"黑奴单"。还有一类订单，会直接以较高的价格发布到代练QQ群或微信群中，让熟人或有实力的代练接单，这类订单中介抽成比例较低，所以被称为"肥单"。但无论是通过哪种渠道接单，代练都无法与买家直接沟通。一旦中间环节出现需求沟通不明确、价格和付款时间没谈妥等状况，代练本人和买家的利益就难以得到保障。[38]

如果选手有比较靠谱的接单渠道，比较勤快，那么收入会相对稳定，至少能养活自己。但如果接单渠道状况百出，付出的时间也不够多，那么代练这一行就很难为退役选手带来稳定的生活，更不会成为其安身立命的长久之计。

代练这一行目前缺少监管，其合法性也是长期以来的热门舆论话题——它以使用他人账号为前提，破坏了游戏的诚信和公平原则，因此在一定程度上影响了行业的健康发展。

2019 年 6 月 25 日，韩国通过了《游戏产业促进法》的修正案，明确规定以代练谋取利益的，将被处以最高两年的监禁以及最高 2000 万韩元（约 12 万人民币）的罚金。[39] 我国目前还没有明确的相关规定，但随着电竞行业逐步发展成熟，相关行业规范和监管制度也会逐步建立起来。

# 创业：资源和能力的全面挑战

**04**

有些选手在职业生涯中积累了一笔不小的财富，再加上自身的名气和人脉，退役后会选择在电竞行业开创自己的事业，谋求长远发展。

Sky 在退役后深耕电竞外设领域，创立了钛度科技——一家做键盘、鼠标的硬件装备制造公司。他说："我还是一名电竞选手的时候，收获了荣誉，收获了很多支持者和朋友。退役后，我创业做了钛度，我当年的粉丝并没有因为我不打《魔兽争霸 3》或者打得少了就不再支持我，反而大都选择购买我做的产品，在公司起步阶段支持我，给了我很大的帮助。"

也有选手摇身一变成了俱乐部的老板。PDD 在退役之后依然有着冠军梦，于是组建了 YM 战队。虽然 YM 自己没打进过 LPL，但是 YM 培养的选手却有许多进入了一线俱乐部，甚至成了顶尖选手。比如，转会去 iG 的 Ning 在 2018 年随队获得英雄联盟全球总决赛冠军；转会去 TES 的 Knight 在 2020 年 5 月帮助战队获得 MSI 冠军，并在 LPL 夏季赛当选 MVP。

原《英雄联盟》选手韦神 GodV 退役后转战《绝地求生》，并招选手、出资，一手组建了 4AM 战队。后来他还恢复了选手的身份，在队内担任指挥位。现在，4AM 是国内人气最高的《绝地求生》战队之一。

和所有创业者一样，对电竞选手来说，退役从商、办企业也是一项难度极高的挑战。深入了解自己的资源、特长，找准市场，制订有效计划，找到可以共进退的创业伙伴，都是必须要做的工作。这个过程中，职业选手在青春年少时培养起来的克服困难的能力和坚韧不拔的意志，也许会帮助他们笃定前行。

# 第五部分

# 行业大神

电竞的历史也是电竞明星选手的奋斗史和成长史。

明星选手凭借天赋和勤奋，不断塑造着电竞选手的职业标准；他们创造了无数精彩异常的经典瞬间，让人回味无穷；他们的训练方法、战略战术成为后来人的指路灯塔；他们推动了电竞产业的发展，影响着行业的未来。

下面，我们选择其中几位分享给你。

# Fatal1ty：霸榜 10 年的电竞巨星

01

　　谁是 FPS 游戏中最伟大的选手？可能很多年轻人会想到率领 4AM 获得 PCL（绝地求生冠军联赛）冠军的 GodV，年龄稍大一些的人会想到世界级 CS 指挥官 Alex，抑或被封为"亚洲第一枪神"的我。但我想说的是电竞行业中的传奇——Fatal1ty。

　　在电子竞技比赛举行的近 30 年中，有 10 年他都拿到了全球选手最高年收入。他还在《雷神之锤》《铁血战士》《毁灭战士 3》等 5 个不同的游戏项目中获得过 12 次世界冠军。

　　在那个年代，电竞运动还十分小众，而以 Fatal1ty 为代表的选手让人们认识到，电竞选手可以成为一个职业。

　　Fatal1ty 是首位拥有职业操守的专业玩家，每天训练至少 8 个小时。他的父亲说："他训练了很长时间，一直坐在电脑前。"因为成绩出色，他不仅拿到了一些公司的比赛赞助，还被多家主流媒体报道，包括《时代周刊》《纽约时报》《福布斯杂志》与英国广播公司国际频道（BBC World Service）。他还被美国电视史上的传奇节目《60 分钟》（60 Minutes）报道过。

他让人们了解到：只要愿意付出足够多的时间和精力，你就可以成为职业玩家；电子竞技不是一项边缘活动，你可以成为一名职业电竞选手，并以它谋生。

Fatal1ty 开拓出了一条模范之路，即使已经退役，他的故事依然鼓舞着一代又一代的年轻人。

因为对电竞行业的杰出贡献，2007 年 8 月，在德国莱比锡举行的电子竞技颁奖典礼（Esports Award）上，Fatal1ty 被授予电子竞技终身成就奖。颁奖词是这样的："他表现出了卓越的体育精神，帮助电子竞技塑造成了它今天的样子，他是这个年轻运动的主要代表，是全球电子竞技的代表人物。"

－RocketBoy－

Fatal1ty 不仅是一名出色的玩家，还通过建立以自己 ID 为名称的品牌，证明了电子竞技也能以商业化模式运营。从鼠标到声卡，多种硬件上面都印有他的名字。

他组建了自由玩家组织（Free Players Organization），培养了不少世界一流玩家。

他擅长足球和曲棍球，为后来者树立了健康、开朗的生活榜样。他积极推广电竞运动，引导人们正向认识电竞、理解电竞。作为第一代职业玩家，他对行业后来的发展起到了举足轻重的奠基作用。

　　但是，这位一直处于行业顶峰的巨星，有一天却败给了一名中国少年。

# RocketBoy：亚洲第一枪神

## 02

　　RocketBoy 来自成都一个破碎的家庭，从小和母亲相依为命，最艰难的时候，每天只有 1.5 元的生活费。初中辍学后，他只身来到北京，凭借天赋和惊人的毅力在 2004 年夺得 CPL（职业电子竞技联盟）冬季锦标赛《毁灭战士 3》项目的全球冠军，成为亚洲第一个电竞世界冠军。

　　他是中国迄今为止跨越项目最多的职业选手，曾在《毁灭战士 3》《雷神之锤 3》《虚幻竞技场》《雷神之锤 4》《斩妖除魔》《守望先锋》6 个项目的职业赛场上比拼。他 12 次获得射击类游戏国内冠军，多次荣获"中国电竞游戏精神领袖"称号。

　　但当被问到自己职业生涯中最辉煌的时刻，他毫不犹豫地回答："当然是长城挑战赛赢了老费（Fatal1ty）。"

　　2004 年 10 月，RocketBoy 参加了"升技长城百万挑战赛"，以 25∶8 的悬殊比分战胜了 FPS 游戏世界第一人、霸榜 FPS 游戏 10 年的 Fatal1ty，赢得了 100 万奖金。这个结果让全世界为之震惊，很多国外媒体纷纷打来电话，确认这件事是不是真的发生了。同时，一些人开始散布谣言，说

RocketBoy 私下给 Fatal1ty 塞了钱，这场比赛有黑幕。

事实上，RocketBoy 为了准备这场比赛，整整瘦了 20 斤，在夜以继日的训练中，他始终想的都是"打败他"。面对猜测和质疑，他决定在两个月后的 CPL 中证明自己。果然，两个月后，他一路过关斩将，拿到了冠军，成为我国第一个电竞世界冠军。对 RocketBoy 来说，这不仅是第一个世界冠军，更是给那些污蔑他的人的一个漂亮回击。

退役后，RocketBoy 破格入职腾讯光子工作室，继续挑战人生新高度。他之前作为一名选手的经历对现在的工作有很大的帮助。他说："所谓策划，就是先明白这件事值不值得做。它的目的是什么？它的风险在什么地方？它的收益又会在什么地方？如果这件事的风险较低，可以达到目的，又有明显的收益，那就可以做。具体怎么做？就是将事情拆细，确定如何把自己的精力投入系统 A、系统 B、系统 C，对事情进行充分规划。这套我从做职业电竞选手的实际操作中得来的思维方式，让我后面的工作顺利了很多。"凭借丰富的经验，他成功参与策划了《全民突击》《和平精英》等游戏。

大跨度的人生是不断挑战的结果，这也印证了竞技体育中的一个有趣现象：真正的世界顶级运动员，往往在退役后仍能续写辉煌。

# SlayerS_'BoxeR'：斗志不减的韩国人皇

**03**

提到 SKT 俱乐部，很多人会想到 Faker。但早在 Faker 之前，便已经有人使 SKT 俱乐部扬名立万了，他就是韩国第一位电竞明星——《星际争霸》选手、人族皇帝 SlayerS_'BoxeR'（后文简称"BoxeR"）。但是，他真正的成就不在于为俱乐部拿到了多少次冠军，而在于将《星际争霸》这个游戏，将电子竞技这个行业带入韩国的主流文化，为韩国电竞之后的辉煌奠定了基础。

BoxeR 是 2001 年、2002 年 WCG 双冠王，2004 年年度世界最有影响力的职业电子竞技选手，在韩国的知名度不亚于顶级娱乐明星。他的出现可以让电子竞技比赛直播的收视率上升 30%。在《星际争霸》这个游戏中，他创造了无数传说。

在他之前，人们一般认为人族是《星际争霸》的神、人、虫三个种族中最弱的一个，但 BoxeR 创造了很多新的打法和策略——即使在今天，它们依然非常有用；他还使用人族在职业比赛中接连获胜，扭转了人们之前的看法。在 BoxeR 服兵役期间，韩国为他专门建立了空军职业电竞队。他培养、提拔了很多新的选手，其中 iloveoov[①] 最为出名。

他最令我钦佩的是，在服兵役之后，他再次选择成为职业选手。虽然并没有很成功，但是他选择了再次为自己喜欢的事情拼搏，我很欣赏他的斗志。

−Sky−

BoxeR 在《星际争霸》中使用人族获胜并以此登上职业顶峰，于是被称为韩国的人皇。Sky 在《魔兽争霸 3》中使用的也是人族，他的出色技巧和战术研发赋予了这类角色更广阔的空间。他也曾两次获得 WCG 冠军，被称为中国的人皇。

---

① 《星际争霸》本座之一，公认的本座有 6 个，分别是 BoxeR、NaDa、iloveoov、IPXZerg、JaeDonG、Flash。只有多次获得含金量高的比赛冠军、具有统治级别力量的选手才会被称为本座。

# Sky：思维缜密的中国人皇

**04**

在中国，很多不玩游戏的人都或多或少听过 Sky 这个名字。而说到中国电竞，就更不能不提人皇 Sky。这不仅是因为以他的名字命名的打法"Sky 流"扭转了《魔兽争霸 3》中人族对兽族长期以来的巨大劣势，也不仅是因为他是两届 WCG 冠军、第一位进入 WCG 名人堂的中国选手，更是因为他的出现彻底改变了中国电竞的格局。

在中国电竞的蛮荒时代，人们视游戏为洪水猛兽，说它是"电子海洛因"。由于家人无法理解，选手得不到家人的支持，更没有钱去训练——在这样困难的客观环境中，Sky 付出了超乎常人的努力。

他为了省下钱去网吧训练，可以一天只吃一顿饭。他没有任何流派可以借鉴，没有任何人提供指导，每一步都靠自己摸索。他每天至少训练 10 个小时，有时候甚至达到 18 个小时，练到拿起鼠标就视线模糊。即使是在这种情况下，他也会坚持练习很多局，直到完全没有任何意识，再打就要昏过去了才停止。

在我看来，Sky 是一台精密的机器。虽然我当时不怎么打《魔兽争霸 3》，但每场比赛我都会看。我收集了很多《魔兽争霸 3》的录像，整理得特别整齐，哪一年几月几日的、什么比赛的，都列得清清楚楚。

从这些录像中，我能看出他对敌方行为的分析和思考。他的思维很缜密，执行力也极强，可以将行动时间精确到秒，几乎达到了"我能想到的、要想到的、想不到的，都要想办法把它想到"的状态，打得很稳，准备充分，想法到位。几乎所有对手都知道 Sky 会用什么样的战术，知道他会在比赛的什么阶段出什么样的兵，可是在面对他的时候，依然无计可施。

他凭借自己的一腔热忱和努力，让五星红旗两次飘扬在全球电子竞技的最高赛场上，在一定程度上扭转了当时人们对游戏的看法——人们看到，打游戏同样可以为国争光。

对于这些成就，他总是谦虚地说自己并没有什么天赋，靠的都是努力。

—RocketBoy—

# Faker：稳健大魔王

**05**

 

Faker 是一名《英雄联盟》中单选手，被玩家和对手称作"大魔王"。但他最可贵的，不是他取得的辉煌成就，而是他的品质。

Faker 获得的冠军头衔数不胜数：三次夺得英雄联盟全球总决赛冠军、两次夺得 MSI 冠军、九次夺得 LCK 冠军、一次夺得亚洲洲际赛冠军和全明星赛冠军。他是《英雄联盟》史上第一位大满贯选手。在职业生涯中，他拿到的总奖金超过 1000 万美元。在他的魔王时代，他遇神杀神，遇佛杀佛，使全世界的中单都以单杀 Faker 为荣。

每年英雄联盟全球总决赛结束后，拳头游戏都会根据冠军战队的阵容为他们设计一套专属的冠军皮肤。其皮肤制作团队的一位成员曾经在 2016 年英雄联盟全球总决赛前发了一条推特，说自己不想再做 SKT 战队（Faker 所在战队）的皮肤了，但她没能如愿以偿。《英雄联盟》官方推特说，Faker 将这个游戏带到了他们从未想过的地方。

像 Faker 这样一个集万千荣誉于一身的选手，拿着超过

30 亿韩元（约 1700 万人民币）的年薪，却每天都吃住在基地，基本只穿队服，每个月花的钱还不如别人买双鞋的钱多。他多年如一日地训练、比赛。在线下往返赛场时，他手中经常捧着一本书。SKT 战队去济州岛团建时，他也捧着一本书在读。他成名多年，但没有任何负面新闻，也没有什么绯闻。

他在一次采访中说："这（让自己打得更好）就是我的终极欲望，其他的细微担忧，都是与这个终极欲望相关的小分支。我试图抑制自己的其他欲望，我没有那么多需求，因为我只喜欢玩游戏。尽管有时候我也憧憬爱情，但那不是我优先考虑的事情。"

这样一个在技术和品格上都堪称完美的选手，赢得了韩国乃至世界无数粉丝的追捧，甚至有人在论坛上说 Faker 是拳头游戏为了推广《英雄联盟》而秘密制造的机器人。

Faker 于 2012 年入行，在漫长的职业生涯中，他多次与中国的战队交手，其中，同年入行的 Uzi 给他留下了深刻的印象。他们的第一次世界首秀都是在 2013 年英雄联盟全球总决赛上。其后，他们 13 次交手，互有胜负。在一次采访中，Faker 说，Uzi 是他十分尊敬的选手，因为他在这么长时间里一直保持着非常好的状态。[40]

作为同时期的对手，他们一起登上巅峰，又一起步入低谷。2019年全球总决赛小组赛中，Faker的表现差强人意，观众开始惊呼，"Faker的状态下滑为什么如此严重""Faker这是怎么了"。而在之后的比赛中，Faker也是一蹶不振。在一次采访中，Faker表示，自己的个人能力确实出现了下滑，而因为连续失败，自己也丧失了打职业最重要的东西，那就是自信。[41]在观众的一片失望声中，Faker何时退役的话题开始出现。

与此同时，Uzi的职业生涯也已走过8年，他的状态又如何呢？

# Uzi：永远的神

**06**

2020 年 6 月 3 日，征战《英雄联盟》比赛 8 年的 Uzi 在微博上发文宣布退役。在说明了身体状况，并对粉丝表达感谢后，他在结尾动情地写道："再见了，我的青春。"

一句告别引来无数惋惜，粉丝们通过各种渠道纷纷表达不舍之情："Uzi 是我的青春。""告别 Uzi，我的青春还剩下什么？""只要 Uzi 不退役，我的青春就没有结束，但现在……"

虽然早在 2004 年，中国选手就开始在世界赛场上折桂，问鼎《英雄联盟》世界冠军的战队中也不乏中国俱乐部的身影，但 Uzi 对中国电竞观众来说似乎有着特殊的意义。

Uzi 于 2012 年 15 岁入行，2020 年退役，正好经历了中国电竞快速起飞的 8 年。在这期间，中国的电竞职业联赛开始出现并逐步走上正轨，俱乐部的运营走向规范，行业的商业化程度越来越高，而电竞用户的规模也一路增长到世界第一。与此同时，《英雄联盟》这款游戏发展成了世界主流项目，不仅建立起了完善的赛制体系，在中国也受到了广泛欢迎。2018 年，LPL 的直播观看人次达到了 150 亿。

有人说，Uzi 和 LPL 一起等来了最好的时代。他在行业蓬勃发展的环境中脱颖而出，凭借鲜明的个人风格赢得了无数粉丝。

他擅长跳脸输出，经常在比赛中抓住机会，突然来到对手身边展开攻击，让对手猝不及防；他和辅助 Ming 配合默契，能快速吃掉经济，快速发育，然后接管比赛，带队胜出；他打法凶悍，在赛场上拥有扭转乾坤的控制能力。

但是，从 2012 年到 2017 年，虽然屡次荣获"最佳ADC""最受欢迎选手"等称号，Uzi 却始终没能在 LPL 和全球赛场上拿到冠军。甚至有评论说，早在夺得 2014 年英雄联盟全球总决赛的亚军后，他就已经告别了巅峰。和 Uzi 同时代的队友大部分都已经退役，如果没有惊人的毅力，他也许早就离开赛场了。

2018 年 5 月 20 日，MSI 上，RNG 在决赛中对阵韩国 KZ战队，第四局，RNG 劣势明显，但在 Uzi 的操作下逆风翻盘，最终拿到了冠军。解说山泥若在直播间无比激动地喊出了一句："Uzi！永远的神！"正是这场比赛，中国俱乐部第一次在没有外援、全华班阵容的情况下拿下了《英雄联盟》的世界冠军，迎来了一场"金色的雨"；也是这场比赛，让 Uzi 成了粉丝心目中"永远的神"。

2018 年，Uzi 状态极佳，不仅拿下了 MSI 冠军、洲际系列赛亚洲对抗赛冠军、雅加达亚运会表演赛冠军，还被拳头游戏官方认定为世界第一 ADC，并在击杀、补刀、KDA 等方面创造了神话般的数据。

正如 Uzi 自己所说："电竞选手最核心的特质，就是坚持。"因为这份坚持，他迎来了人生中的高光时刻。

但紧接着，拳头游戏发布新版本游戏，《英雄联盟》以下路为核心的特点发生改变，Uzi 必须重新适应新的打法。与此同时，他饱受伤病困扰，医生甚至说他的手臂已经相当于四五十岁人的状态；他背部受损严重，膏药越贴越多；在职业生涯的最后两年，他被诊断出患有糖尿病，药物的作用让他精力下降，难以坚持比赛和训练。

无奈之下，Uzi 宣布退役，投身直播行业。他后来对 RNG 战队 ADC 位置的接棒者 GALA 说："你一定要顶住，一定要承受住任何你想象不到的东西才能成功。"

"承受""坚持"是 Uzi 对电竞选手这个职业的理解，他因此陪伴 LPL 和中国电竞一同经历了快速起飞的 8 年。他的退役并不意味着一个时代的结束，而是意味着更多以他为榜样的顶级选手的诞生。

在二十多年的电竞职业化发展道路上，明星职业选手为行业带来了标准、榜样和期望，他们不断拓宽电竞的技术边界，不断挑战选手越来越高的商业价值，他们塑造了电竞的历史。由于篇幅的原因，我们无法穷尽每一位明星选手，但他们的荣光会铭刻在每一个热爱电竞的人心中。

Thresh：在 1997 年《雷神之锤》锦标赛中取得冠军，在"史上最佳北美电子竞技偶像"排行榜上位居榜首；

HeatoN：在 CS 界被称为"AK 王子"，较早提出机枪压枪式打法，对 FPS 游戏做出了重要贡献；

梅原大吾：《街头霸王 3》的传奇冠军，职业生涯长达二十多年，创造了反败为胜的经典时刻；

Alex：创造了很多经典战术的世界级指挥官，被誉为"CS 天才"的指挥和团队管理者；

BurNIng：中国 DOTA 界公认的全民偶像，在《DOTA1》和《DOTA2》两个项目中都拿到了数个世界冠军；

……

# 第六部分

# 行业清单

# 01 行业大事记

1980 年，雅达利公司（Atari）举办太空入侵者全美锦标赛（Space Invaders Championship），这是史上第一场大型电子竞技赛事，参与人数超过 1 万。

**第一场大型电子竞技赛事**

**游戏行业权威分数记录网站成立**

1981 年 11 月 10 日，双子星系（Twin Galaxies）成立，这是游戏行业非常权威的分数记录网站之一，也是电子游戏实现体育赛事化的重要标志。

1986 年 1 月 5 日，日本通过电视播放了高桥名人 VS. 毛利名人的《星际战士》比赛。这是史上第一次用电视播出电子竞技赛事。

**电视第一次播出电竞赛事**

1996 年 6 月 22 日，《雷神之锤》面世。《雷神之锤》及其引擎被看作 FPS 的原型，在游戏引擎、3D 效果等方面推进了游戏开发技术的发展。

**FPS 游戏出现**

1997 年，电子竞技联盟（Electronic Sports League, ESL）成立，这是全球最大的电竞组织。

**电子竞技联盟成立**

1997 年，职业电子竞技联盟（Cyberathlete Professional League, CPL）成立，这是世界上第一个将电子游戏比赛升级为大型竞技赛事的组织。

**职业电子竞技联盟成立**

**《星际争霸》问世**

1998 年，《星际争霸》问世，它引入了"地图编辑器"，通过玩家自制地图，将无数灵感、创意融入游戏之中，开 MOBA 游戏之先河。

2000 年 10 月 7 日，世界电子竞技挑战赛（World Cyber Game Challenge，WCGC）开幕。2001 年，WCGC 更名为世界电子竞技大赛（World Cyber Games，WCG），这曾是每年规模最大的电子竞技盛会。

**世界电子竞技挑战赛开幕**

**电子竞技世界杯创立**

2002 年，电子竞技世界杯（Electronic Sport World Cup，ESWC）在法国创立。它曾经与 CPL、WCG 并称为世界三大电子竞技赛事。

2003 年 11 月 18 日，我国国家体育总局在人民大会堂举行中国数字体育平台开通仪式。仪式上，官方宣布将电子竞技运动列为第 99 个正式体育竞赛项目。2008 年，国家体育总局将其改列为第 78 个正式体育竞赛项目。

**电竞被列为中国正式体育竞赛项目**

**中国首位 CPL 世界冠军诞生**

2004 年，RocketBoy 在 CPL 上获得《毁灭战士 3》冠军，这是中国第一个电子竞技个人世界冠军。

2004 年，中华全国体育总会主办的第一届全国电子竞技运动会（China Esports Games，CEG）开幕。

**中国第一届全国电子竞技运动会开幕**

中国第一个电竞职业俱乐部成立

2005 年 4 月 21 日，WE 电子竞技俱乐部（Team WE，2016 年前为 Team World Elite）成立。这是中国电子竞技历史上第一个职业俱乐部。

2005 年，Sky 获得 WCG《魔兽争霸 3》全球总冠军，并于 2006 年卫冕成功。

中国首位 WCG 世界冠军诞生

电竞选手成为奥运会火炬手

2008 年，10 名电子竞技选手成为北京奥运会火炬手。

2008 年 11 月 13 日，国际电子竞技联盟（International e-Sports Federation，IeSF）在韩国成立，这是一个推广、维护和支持电竞运动的全球性组织。

国际电子竞技联盟成立

EDG 俱乐部夺得 MSI 冠军

2015 年 5 月，EDG 俱乐部在首届 MSI 中夺得冠军，这也是我国俱乐部第一次在《英雄联盟》的全球赛场上拿到冠军。

2016 年，首届电子游戏奥运会在里约热内卢举办。

首届电子游戏奥运会举办

KPL 诞生

2016 年 9 月，第一届王者荣耀职业联赛（King Pro League，KPL）举行，这是《王者荣耀》最高规格的专业竞技赛事。

国际奥委会将电子竞技视为正式运动

2017 年 10 月 28 日，国际奥委会（International Olympic Committee）第六届峰会上，代表同意将电竞视为一项运动。

2018 年 5 月，RNG 俱乐部在 MSI 中夺冠，这是我国俱乐部首次以全华班阵容拿到该项赛事的冠军。

RNG 夺得 MSI 冠军

电子竞技走进亚运会

2018 年，第 18 届雅加达亚运会将电子竞技纳为表演项目，中国电竞代表团在《王者荣耀国际版（AOV）》《英雄联盟》《皇室战争》等项目上夺得 2 金 1 银。

2018 年，在《体坛周报》发布的"中国十大热门体育赛事"中，LPL 被列为第三位。

LPL 成为中国十大热门体育赛事之一

iG 俱乐部夺得 S 赛冠军

2018 年 10 月，iG 俱乐部在当年的英雄联盟全球总决赛中夺冠，这是中国大陆俱乐部第一次在该项赛事中夺冠。

2019 年 1 月 29 日，我国人社部发布公示，通告拟发布 15 个新职业，其中包括电子竞技员、电子竞技运营师两项电竞相关职业。

电竞相关职业被列入中国人社部公布的新职业

首批电竞注册运动员出现

2019 年 7 月 31 日，上海首批电竞注册运动员颁证仪式正式举行，来自《DOTA2》《炉石传说》《魔兽争霸 3》《英雄联盟》《皇室战争》《FIFA Online4》《王者荣耀》等共计 7 个项目的 85 名选手成为上海首批电竞注册运动员。

**PEL 诞生**

2019 年 9 月，和平精英职业联赛（Peacekeeper Elite league, PEL）预选赛拉开帷幕，这是《和平精英》官方举办的最高级别职业联赛。

2019 年 10 月，FPX 俱乐部在当年的英雄联盟全球总决赛中夺冠。

**FPX 俱乐部夺得 S 赛冠军**

# 02  行业黑话

## （一）游戏类型

ACT：Action Game，动作游戏。这是最早出现也最常见的游戏类型之一。一般有关卡设计，提供给玩家训练手眼协调能力及反应能力的环境。玩家必须操控游戏角色，根据周遭环境的变化做出反应动作，例如移动、跳跃、攻击等，并达到游戏设定的目标。代表游戏有"马里奥系列"。

AVG：Adventure Game，冒险游戏，即玩家操控角色进行虚拟冒险的游戏。故事线索一般很复杂，动作性并非必要因素，玩家需要不断解开各种谜题来完成游戏。题材有诡异、冒险、推理、幻想、恋爱等。代表游戏有"生化危机"系列、"古墓丽影"系列。

FPS：First-Person Shooting Game，第一人称射击游戏，即以玩家的主观视角来进行射击的游戏。代表游戏有《穿越火线》《反恐精英》等。

FTG：Fighting Game，格斗游戏。玩家通过操纵自己选择的角色与对手进行近身格斗。游戏会倾向于把这些角色设计得实力均衡，而不像一般动作角色扮演游戏那样，不同角色有等级或装备等强度差异的划分。玩家需要精通防御、反击、连段等操作技巧。代表游戏有《街头霸王》。

MOBA：Multiplayer Online Battle Arena，多人在线战术竞技游戏。又被称为 ARTS（Action Real-Time Strategy），动作即时战略游戏。代表游戏有《DOTA 2》《英雄联盟》。

PUZ：Puzzle Game，益智游戏。代表游戏有"俄罗斯方块"系列、"泡泡龙"系列等。

RAC：Race Game，竞速游戏。代表游戏有《极品飞车》《QQ飞车》等。

RPG：Role-Playing Game，角色扮演游戏。玩家主要通过操控游戏角色与敌人战斗，从而提升等级、收集装备、完成任务，同时体验剧情。玩家扮演某个角色在游戏世界漫游，一路上的各种遭遇（战斗、交谈、会见重要人物等）是人物成长及游戏进行的关键所在。代表游戏有《塞尔达》。

RTS：Real-Time Strategy，即时战略游戏。玩家在游戏中经常会扮演将军，进行调兵遣将这种宏观操作。代表游戏有《星际争霸》《魔兽争霸》等。

SLG：Simulation Game，模拟游戏。模拟游戏试图复制现实生活的各种形式，达到"训练"玩家的目的，如提高熟练度、分析情况或预测。代表游戏有《模拟人生》。

SPT：Sports Game，体育游戏。这是一种让玩家可以参与专业体育运动项目的电视游戏或电脑游戏。代表游戏有《FIFA 足球世界》。

STG：Shooter Game，射击游戏。无论是用枪械还是用飞机，通过射击动作完成目标的游戏都属于此类。代表游戏有《愤怒的小鸟》《魂斗罗》。

TBS：Turn-Based Strategy，回合制策略游戏。所有玩家轮流进行自己的回合，只有在自己的回合才能操纵角色。代表游戏有"文明"系列、"战岛"系列。

TCG：Trading Card Game，集换式卡牌游戏，以收集卡牌为基础。玩家需要购买随机包装的补充包收集卡牌，然后灵活使用不同卡牌去构建符合规则的套牌。由于各个玩家的套牌不同，每一局抓到卡牌的次序也不同，无穷无尽的变化由此而生，需要玩家不断开动脑筋思考。代表游戏有《炉石传说》。

## （二）游戏术语

APM：Actions Per Minute，平均每分钟进行操作的次数，包括点击键盘和鼠标的次数。

BO3、BO5、BO7：分别指 Best Of 3，三局两胜制；Best Of 5，五局三胜制；Best Of 7，七局五胜制。

BP：Ban/Pick 的简称，Ban 指的是禁用，Pick 指的是挑选。

buff：游戏中为了增强角色的能力而施加的辅助状态。

carry：某人在某场比赛中发挥了非常关键的决定性作用，极其出色，扛起或带来了最终的胜利。

CD：Cool Down Time，游戏中物品或者技能的冷却时间。

EZ：easy 的缩写，嘲讽对方，表示自己赢得很轻松。

GG：Good Game（很好的游戏）的简称。明显落败的一方会打"GG"来向对方认输，胜方亦会回敬"GG"来表示游戏结束及精彩的游戏。引申的意思为"完蛋了"或"完结"。

Imba：imbalance 的缩写，指不平衡。

KDA：根据 K（kill，击杀率）、D（death，死亡率）、A

（assist，支援率）的数量按照一定的公式计算得出的一个数值。一般公式为：KDA＝（K＋A）／D，即 KDA＝（杀人数＋助攻数）／死亡数。杀人数和助攻数越多，死亡数越少，KDA 就越高。KDA 越高，表示选手表现越出众。

OP：overpowered，指太过强力的角色或设定。

Rush B：本意是冲到 B 点，现多指无脑做事情，通常在射击类游戏中使用。

SOLO：指单挑。

Timing：时间的选择，也可以称为时机的选择。

菜鸡互啄：两方水平都很菜，操作都不太行，旁观者就像在看菜鸡互啄一样。反义词是"神仙打架"。

单排：一个人进行排位赛。

二发：指选择第二个英雄。与"二发"相对应的是"首发"，指选择第一个英雄。

划水：最早出现在《魔兽世界》中的阿拉希战场。战场地形中有一处瀑布，下面有个水潭。有时玩家遇到强敌会躲在远离战场的水潭里等待比赛结束。不进行操作时，人物在水面漂浮，会自动进行划水动作，因此"划水"一词被引申为偷懒、不努力的意思。

经济：指游戏中角色拥有的金钱，有固定起点、自然增长获得的金钱，也有通过助攻、击杀、推塔等获得的金钱。

开黑：指玩游戏时，同队的玩家通过语音或者面对面交流，或者几个互相认识的玩家组队打游戏。

开团：在比赛中为了获得优势，召唤队友对敌方进行联合战斗。

控制节奏：为了获得胜利，对游戏进程进行规律的、动态的、可预测的推进和控制。

人形自走挂：明明没开挂，打游戏的技术却像开挂了一样。

蛇皮走位：指通过无规律的左右移动来躲避敌方的攻击。由于这种走位方式会像蛇一样走 S 形，故得名蛇皮走位。

水友赛：由玩家、工会或者其他组织举行的非职业性、非营利性的游戏娱乐活动。

送人头：玩家刻意让自己操控的人物去送死等影响团队状况的行为。现在一般用来嘲讽玩家技术太菜。

天梯：各类电子竞技游戏排名对战系统的简称。

偷家：一般指 RTS 或 SLG 游戏中以少量兵力直取敌方基地，或者 MOBA 游戏中当敌方玩家不在基地内时直接攻击其核心枢纽（水晶等）的行为。

团灭：团战中某一方参战队员全部阵亡。

腿短：指移动速度慢且没有位移或加速技能。与之相对应的是"手短"，指攻击距离短，技能近距离的多。

推塔：摧毁对方的防御塔。

微操（MC）：是"细微操作"（Micro Control）的简称。在游戏界，指的是玩家对控制单位的精细操作。

炸鱼：高水平玩家长期恶意欺负低水平玩家。

站桩输出：在战斗游戏中，玩家静止在一个地点进行攻击的行为。

# 03  主要电竞赛事

## 《DOTA2》

**DOTA2 国际邀请赛**（The International DOTA2 Championships，TI）：创立于 2011 年，每年一届，是维尔福公司举办的全球性电子竞技赛事。

TI5 的千万美元总奖金让《DOTA2》登上舆论高峰，而 TI6 的总奖金更是超过 2000 万美元，其中冠军能独揽 900 多万美元；TI10 总奖金再创新纪录，突破 4000 万美元。战队需要通过不断参与各赛季的 Super Major（超级）、Major（甲级）和 Minor（乙级）联赛获得积分，累计积分达到前八的队伍将有资格直接晋级 TI 主赛事。

**中国 DOTA2 超级锦标赛**（China DOTA2 SuperMajor）：由完美世界与国际知名电竞内容制作机构 PGL 联合主办的世界级 DOTA2 赛事。

**DOTA2 马尼拉特级锦标赛**（The Manila Major）：简称"春季特锦赛"。小组赛采用双败淘汰制，16 支参赛战队分为

4 组进行。

**DOTA2 亚洲邀请赛**（DOTA2 Asia Championships，DAC）：由完美世界主办的一年一度的中国《DOTA2》顶级盛会，每次聚集来自全球的 16 支顶尖《DOTA2》职业战队于上海一决高下。

### 《英雄联盟》

**英雄联盟全球总决赛**（League of Legends World Championship Series，即 S 赛）：拳头游戏主办的一年一度的最为盛大的比赛，始创于 2011 年。这是《英雄联盟》所有比赛项目中荣誉最高、含金量最高、竞技水平最高、知名度最高的比赛。LPL 夏季赛冠军和全年积分第一名的队伍直接晋级 S 赛，其他队伍中积分排名最高的四支队伍进入资格赛，争夺进入 S 赛的另一张门票。

**英雄联盟季中冠军赛**（League of Legends Mid-Season Invitational，MSI）：拳头游戏在 2015 年增设的国际性赛事，也是《英雄联盟》最重要的全球赛事之一。LPL 春季赛冠军将会受邀参加该比赛。

**英雄联盟全明星赛**（League of Legends All-Star Event，

ASE）：拳头游戏于 2013 年开始举办的大型国际赛事，参赛队员均是由各赛区观众投票选出的明星选手。除了明星队的正赛较量，还有克隆模式、无限火力、双人共玩、SOLO 赛等娱乐模式。

以上三项赛事并称为《英雄联盟》全球三大赛。每年各大赛区会根据本赛区联赛成绩，按积分决出赛区冠军，并依照筛选机制选拔队伍进入更高级别的 MSI 和 S 赛。

**英雄联盟职业联赛**（League of Legends Pro League，LPL）：中国大陆最高级别的英雄联盟职业比赛，也是中国大陆赛区通往每年 MSI 和 S 赛的唯一渠道，分为春季赛和夏季赛。

**英雄联盟发展联赛**（League of Legends Development League，LDL）：2018 年推出的全新职业赛事体系，分为春季赛和夏季赛两个赛季，两个赛季成绩最优的 8 支队伍可以晋级年度总决赛，最终决出的冠军将有机会获得晋级 LPL 的资格——LPL 联盟会对冠军战队所在俱乐部的综合资质进行审核，若通过审核，则该俱乐部将正式加入 LPL 联盟。

**德玛西亚杯**（Demacia Cup）：由腾讯游戏《英雄联盟》主办，旨在加深国内顶级联赛 LPL 与次级联赛 LDL，以及职业联赛与非联赛体系职业队伍之间的交流和碰撞。

## 《守望先锋》

**守望先锋联赛**（Overwatch League，OWL）：全球首个以城市战队为单位的大型电竞联赛，赛制与 NBA 类似，包括季前赛、常规赛、季后赛、全明星周末以及席位制度。

## 《绝地求生》

**绝地求生冠军联赛**（PUBG Champions League，PCL）：《绝地求生》在中国大陆地区的顶级联赛，目前共有三个赛区、48 支参赛队伍。每个赛区 16 支队伍，每年进行春季赛、夏季赛和秋季赛三次联赛，其中的 4 支优胜队伍可参加绝地求生全球总决赛（PUBG Global Championship，PGC）。

**绝地求生全球总决赛**：《绝地求生》项目的世界性电子竞技比赛。首届赛事于 2019 年在美国洛杉矶举办，共有来自全球 9 个赛区的 32 支职业战队参加。

## 《王者荣耀》

**王者荣耀职业联赛**（King Pro League，KPL）：《王者荣耀》项目官方举办的最高级的赛事，分为春季赛和秋季赛两个赛季，每个赛季分为季前赛、常规赛、季后赛三部分。

**王者荣耀世界冠军杯**（Honor of Kings World Champion Cup，KCC）:《王者荣耀》官方最高规格的专业晋级比赛，分为夏冠杯和冬冠杯。

### 《和平精英》

**和平精英职业联赛**（Peacekeeper Elite league，PEL）:《和平精英》官方举办的国内顶级联赛。2020 年，有 20 支队伍在 PEL 中竞争。

**和平精英新势力联赛**（Peacekeeper Elite New Power，PEN）:《和平精英》项目的次级联赛，每个赛季都有进入一级联赛 PEL 的机会，而 PEL 中打得不好的队伍也有可能降到 PEN。

**和平精英国际冠军杯**（Peacekeeper Elite Championship，PEC）:《和平精英》项目的国际赛事，PEL 中前三名的队伍将和其他 12 支海外队伍共同争夺 PEC 的冠军。

# 尾注

［1］ 中华人民共和国人力资源和社会保障部官网：《新职业——电子竞技员就业景气现状分析报告》，http://www.mohrss.gov.cn/SYrlzyhshbzb/dongtaixinwen/buneiyaowen/201906/t20190628_321882.html，2021-5-21访问。

［2］艾瑞咨询：《中国电竞行业研究报告》，2021年发布。

［3］ 同尾注［1］。

［4］ 同尾注［2］。

［5］ 九九研究院，人民电竞智库：《2020年度电竞营销行业报告》，2021年3月发布。

［6］ 杜承润，王子朴：《电子竞技运动员竞技能力特征分析及损伤康复路径探讨》，《中国体育科技》首发。

［7］ 竞核：《"从走到跑"，电竞主客场制意义何在？》，

https://www.tmtpost.com/4971466.html，2021-5-17 访问。

［8］ George Miller, Esports Earnings: Top 25 Highest Paid Players in 2020 So Far, https://europeangaming.eu/portal/latest-news/2020/06/16/72496/esports-earnings- top-25-highest-paid-players-in-2020-so-far/，2021-5-17 访问。

［9］ Nick：《LOL 各段位人数比例》，https://ol.3dmgame.com/gl/42653.html，2021-5-17 访问。

［10］ 刺猬公社：《电竞青训营中，那些梦想成为下一个 Faker、Uzi 的少年们》，https://mp.weixin.qq.com/s/9F0XIA-p_WGbyPWmZrMosQ，2021-5-17 访问。

［11］ 电竞医生：《职业电竞选手最常见的健康问题》，https://www.sohu.com/a/341346080_120249001，2021-5-17 访问。

［12］ 凤凰卫视《凤凰大视野》之《游戏人生》第三集，2021-5-18 访问。

［13］ 电子竞技：《观察｜何谓电竞天赋》，https://www.sohu.com/a/457259675_ 272501，2021-5-17 访问。

［14］ 孙鹏，王元刚，何青：《我国优秀电子竞技运动

员手眼协调能力的实验研究》，吉林体育学院学报第 32 卷第 3 期。

〔15〕〔美〕安德斯·艾利克森，罗伯特·普尔：《刻意练习：如何从新手到大师》，王正林译，机械工业出版社，2016 年版。

〔16〕 RNG 电子竞技俱乐部：《RNG 体验营（02）：矛盾激发听取哭声一片》，https://www.bilibili.com/video/BV1vt411Z7dx?from=search&seid=708186178003130136，2021-5-18 访问。

〔17〕 Shy 电竞：《LOL 五个位置代表了五种性格的人？想找女友玩 ADC，单身适合玩上单》，https://baijiahao.baidu.com/s?id=1621966838024970444&wfr=spider&for=pc，2021-5-18 访问。

〔18〕 玩加电竞：《摆脱困境：全明星里的 MadLife》，http://www.wanplus.com/article/24678.html，2021-5-18 访问。

〔19〕 游戏竞速：《客观评价 RNG 的辅助选手 Ming 用自己的观念保护 Uzi》，https://baijiahao.baidu.com/s?id=1613002103283238662&wfr=spider&for=pc，2021-5-18 访问。

〔20〕 蓝猫爱玩游戏：《RNG.MING 到底有多强？四拿英

雄联盟一阵辅助　他的巅峰期仍在》，https://baijiahao.baidu.com/s?id=1695748380168058789&wfr=spider&for=pc，2021-5-18 访问。

　　［21］　脑哥说游戏：《从巅峰到低谷，艰难进入季后赛的 RNG，表现太让人失望》，https://ishare.ifeng.com/c/s/7vtz7n030Z1，2021-5-18 访问。

　　［22］　李翔：《新研究：优秀的运动员更加会"凝视"》，得到 App，《李翔商业内参》。

　　［23］　［德］克里斯·安德森，［美］戴维·沙利：《数字游戏：关于足球，你全弄错了……吗？》，彭鸣皋译，湖南文艺出版社 2016 年版。

　　［24］　多玩：《红牛采访 OG 战队心理咨询师：享受比赛是夺冠的秘诀之一》，https://www.chinahlj.cn/news/325907.html，2021-5-19 访问。

　　［25］《电竞进化论》，https://www.bilibili.com/bangumi/media/md28228826/，2021-5-19 访问。

　　［26］烨子：《如何使用三叶草模型做自我状态管理》，https://doc.mbalib.com/view/1f3ba89a590c399a335925ba8169458c.html，2021-5-27 访问。

［27］柴桑:《兴趣是如何产生的? 如何培养? 》,https://
www.zhihu.com/question/19846902/answer/1099245326,2021-
5-27 访问。

［28］ 全民电子竞技:《RNG 正式进入小虎时代,国外
网友热议:他强过一群老上单》,https://xw.qq.com/amphtml/
20210115A0H6RY00/20210115A0H6RY00,2021-5-19 访问。

［29］ 新华网:《盘点:那些年转型过的职业选手 》,
https://www.sohu.com/a/44387999_115402,2021-5-19 访问。

［30］ 艾瑞咨询:《中国电竞行业研究报告》,2021 年
发布。

［31］ 游戏日报:《王者荣耀:女玩家有多少? 官方数
据表示女生占 54%,就是因这 4 点 》,https://www.sohu.com/
a/395648953_118576,2021-5-24 访问。

［32］ 游娱 fan:《7 大直播平台 68 亿条游戏直播数据
<2020 游戏直播行业数据报告 >(精华版)》,https://www.163.
com/dy/article/G4MB0P5S05466ZM9.html,2021-5-19 访问。

［33］ 虎扑网:《2020 全网十大游戏主播,全网十大最具
人气主播》,https://bbs.hupu.com/40317352.html,2021-5-19
访问。

［34］ 韩秉志：《新职业今年获人社部认可 电竞人才缺口高达 350 万》，https://baijiahao.baidu.com/s?id=1639450298550304090&wfr=spider&for=pc，2021-5-19 访问。

［35］ 电竞研究社：《5400 专访：二线队队员到灭亡哥的故事》，http://dota2. uuu9.com/201705/544794.shtml，2021-5-19 访问。

［36］ 黑龙江电视台：《多所高校开设电竞解说专业 人才缺口大但竞争激烈》，https://haokan.baidu.com/v?pd=wisenatural&vid=3296532698297619493，2021-5-19 访问。

［37］体育产业生态圈：《电竞解说年收入 5000 万？一文穿透行业的鸡血与迷雾！》，https://baijiahao.baidu.com/s?id=1613194782411992104&wfr=spider&for=pc，2021-5-21 访问。

［38］密马 APP：《游戏代练行业内幕大揭秘，你知道的有多少？》，https://zhuanlan.zhihu.com/p/338807715，2021-5-21 访问。

［39］杨杰律师：《韩国代练入刑！那么中国代练呢？》，https://zhuanlan.zhihu.com/p/52613160，2021-5-21 访问。

［40］一年五冠最终败给自己终究意难平！Uzi 纪录片终章《我是简自豪》，https://www.iqiyi.com/v_1usa8znomjs.html，

2021-5-21 访问。

[41] 电竞一箩筐,《Faker 谈状态的下滑:自己身上两个点已经大不如前了》, https://ishare.ifeng.com/c/s/7nyrhCxa6lP, 2021-5-24 访问。

图书在版编目（CIP）数据

这就是电竞选手 / 卢荟羽，章凌编著 . —— 北京 ：
新星出版社，2021.6
ISBN 978-7-5133-4552-1
Ⅰ.①这… Ⅱ.①卢… ②章… Ⅲ.①电子游戏－运
动竞赛－介绍 Ⅳ.① G898.3

中国版本图书馆 CIP 数据核字 (2021) 第 110645 号

## 这就是电竞选手

卢荟羽　章凌　编著

**总 策 划**：白丽丽
**责任编辑**：白华昭
**策划编辑**：王青青　张慧哲
**营销编辑**：吴雨靖 wuyujing@luojilab.com
**封面设计**：李　岩　柏拉图
**版式设计**：靳　冉

**出版发行**：新星出版社
**出 版 人**：马汝军
**社　　址**：北京市西城区车公庄大街丙 3 号楼　100044
**网　　址**：www.newstarpress.com
**电　　话**：010-88310888
**传　　真**：010-65270449

**读者服务**：400-0526000　service@luojilab.com
**邮购地址**：北京市朝阳区华贸商务楼 20 号楼　100025

**印　　刷**：北京盛通印刷股份有限公司
**开　　本**：787mm×1092mm　1/32
**印　　张**：8.25
**字　　数**：140 千字
**版　　次**：2021 年 6 月第一版　2021 年 6 月第一次印刷
**书　　号**：ISBN 978-7-5133-4552-1
**定　　价**：49.00 元